開運
119

許睿朕 —— 著

作者介紹：許睿眹老師
知識的傳播者、心靈導師

　　許睿眹老師是一位在姓名學、風水和五行命理方面具有深厚造詣的專家，並且擁有一段傳奇般的人生經歷。許睿眹老師的成就並不僅止於命理學界，他在13歲時開始學習魔術，因此擁有一段神秘而獨特的經歷。在他的精湛技藝和獨特風格的影響下，他很快便在魔術界取得了好名聲。19歲時，他受邀成為湖南教育電台春晚家賓，展現了他在魔術表演方面的非凡才華。這段經歷讓許老師的人生更加多彩，也為他後來的命理大師生涯鋪路。

　　20歲那年，許睿眹老師開始鑽研命理學，並在不久之後考取了法師職照。從小看著迪士尼頻道的阿拉丁，他一直夢想著成為一位魔法師。最終，他成為了一位蜚聲國內外的魔術師和命理師，並獲得了催眠師及諮商師的執業資格。這些特殊的技能使得許老師在人們心中具有神秘的魅力，也為他贏得了眾多擁護者。

　　在許睿眹老師的指導下，無數學生和追求者成功地找到了自己命運的秘密，並開始了一段改變命運的旅程。在他的傳授中，許老師將命理學、心理學、催眠術和諮詢技巧巧妙地融合在一起，為學生和讀者提供了一個全面而獨特的視角。

　　許睿眹老師堅信，真正的命理大師不僅應該具有深厚的知識和經驗，更應該懂得關愛和支持他人。他總是用心去聆聽學生的故事，

並爲他們提供最適合的建議和指導。在他的陪伴和幫助下，許多曾經困惑和無助的人找到了新的希望和力量，並勇敢地走向未來。

在命理大師許睿朕的影響下，越來越多的人開始關注命理學，並認識到它在自己人生中的重要性。許老師不僅將命理學的智慧散播給了更廣泛的人群，更讓這門古老的學問在當代社會找到了新的價值。他的貢獻不僅限於命理學，更涉及到個人成長、心靈啟迪以及自我實現等方面。

許睿朕老師的故事充滿傳奇色彩。他不僅是一位在命理、魔術、催眠和諮商領域均有卓越成就的大師，更是一位懷有深厚愛心的人。他始終抱著對他人的關愛和尊重，爲無數學生和讀者帶來了希望和力量。許老師的智慧和慈悲，使他在人們心中擁有了崇高的地位，並成爲了一位令人敬仰的大師。

然而，儘管已經取得了如此高的成就，許睿朕老師始終保持謙遜的態度，並不斷追求更高的境界。他相信，知識和智慧是無止境的，只有不懈努力，才能讓自己不斷進步。因此，他總是抓住每一個機會去學習，並將自己所獲得的知識與經驗無私地分享給他人。

作爲一位命理大師，許睿朕老師始終堅信每個人的命運都有無限的可能。他鼓勵學生和讀者勇敢地追求自己的夢想，並相信自己具有改變命運的力量。在他的教誨中，人們不僅學會了如何運用命理學的知識去解讀自己的命運，更學會了如何在面對困境時勇敢地站起來，繼續前行。

許睿朕老師的傳奇故事將一直激勵著無數人，在追求夢想的道

路上勇往直前。他的影響力不僅僅是在命理學界，更是在整個社會中產生了深遠的影響。他的知識、智慧和慈悲，激勵著一代又一代的人們去追求自己的夢想，並相信自己具有改變命運的能力。

　　許睿胅老師的教學風格獨具特色，充滿活力與激情。他擅於與學生建立緊密的聯繫，創造出一個充滿愛與支持的學習氛圍。在他的引導下，許多曾經迷茫的學生找到了人生的方向，勇敢地追求自己的夢想。許老師的教誨不僅關乎知識，更關乎生命的智慧，讓學生學會珍惜當下，勇敢面對未來。

　　除了在命理學方面的成就，許老師還熱衷於公益事業，致力於幫助弱勢群體。他經常參與各種慈善活動，無私地奉獻自己的知識和能力，為需要幫助的人帶來希望與力量。許老師認為，知識的價值在於將其用於造福社會，幫助更多的人找到幸福的人生。

　　許睿胅老師是一位充滿智慧與慈愛的導師。他的教誨不僅讓學生在知識上得到提升，更讓他們在心靈上得到滋潤。在他的引導下，無數的學生找到了屬於自己的道路，成就了美好的人生。許老師始終堅信，每個人都有無限的可能，只要用心去追求，必定能實現自己的夢想。

　　隨著時間的推移，許睿胅老師在命理學界的影響力越來越大。然而，他始終保持謙遜低調的態度，不忘初心，繼續努力研究，希望能夠為更多的人帶來幫助。他的精神和付出，不僅為無數的學生和讀者帶來了改變，也成為了我們心中永遠的榜樣。

前言・序

　　生活中的無奈和不安常常使人迷失方向，即使現代科技進步讓我們物質生活更加便利，但內心的滿足卻不是那麼容易達成。因此，如何擁有豐盈的心靈以及如何成為幸福人生的主人，是許多人心中的追求。這本書將引導你找到通往幸福的道路，並幫助你發現自己必須走的人生之路。我們結合易經五行和姓名學的智慧，讓你更深入了解自己的天性和能量，以實現自己內心的渴望。通過這些工具和方法，你將學會如何運用內在的智慧和能量，掌握人生的規律，並在生活中創造出真正屬於自己的幸福，不再迷失於他人的期望之中，不再盲從生活的洪流，你將成為自己人生的主人，學會面對和解決生活中的各種挑戰。同時，透過書中所學，你也可以為社會帶來更多的幸福和正向影響。

　　這本書將帶領你展開一段奇妙的人生旅程，從內心開始創造屬於你自己的豐盈生命，並為身邊的人和社會貢獻更多的價值。讓我們一起探索易經智慧和姓名學的奧秘，發掘人生的真正意義和價值，並體驗成為幸福人生主人的美好感覺！

目錄

第一章
睿炎是什麼樣的學問

　　睿炎學是許睿朕老師結合古代聖賢智慧及現代命理學所創的學派，是一門讓你認識自己、探索世界本質和運行規律的學問。睿炎學結合了易經、姓名學和神祀學三種不同的學問，讓學者們能夠了解自身、認識命運，提高生活品質。

一、睿炎易經

　　易經原是一本中國古代哲學經典，被譽爲「中華文化的瑰寶」。睿炎學將複雜的易經文本和哲學思想，整理成易懂的知識，並揭示宇宙萬物變化規律，讓這些規律應用於生活實踐中。睿炎學者們不僅致力於理論研究，也將易經的精華融入日常生活，從中尋求智慧與靈感。

二、睿炎姓名學

　　姓名學裡透漏著人的名字與命運密切的關係。在眾多姓名學派中，睿炎學者們花了20年時間研究坊間各學派姓名學，蒐集了上萬件的案例及驗證，整理出一套可快速提升運勢的方法，並提出如何改變名字以提高運勢的建議。這些研究成果對個人命運的改善有著實際的幫助。

三、睿炎神祀學

神祀學是關於祭祀的學問，從古至今人們認為神明和人類之間存在著密切聯繫，神明可以保佑人類、指導人類、甚至可以決定人類的命運。睿炎學者們研究神祀學，了解神明和人類之間的關係，並找到如何通過祭祀和民間信仰獲得神明保佑。睿炎也研究了不同文化、不同信仰下的神祀學，擴展了學問的視野和應用面。

綜合以上，睿炎學者們研究易經、姓名學和神祀學的理論和實踐，並結合實際情況來制定個人化的生活指導，幫助人們提升自身的能力和品質，達到心靈上的平衡和和諧。睿炎學的應用非常廣泛，可以用於個人生活、家庭關係、職業發展、健康養生等多個領域。在個人生活方面，睿炎學可以幫助人們了解自己的優缺點，從而改善自身的習慣和行為，提高生活品質。在家庭關係方面，睿炎學可以幫助人們了解家庭成員之間的互動關係，提高相處的技巧和效果。在職業發展方面，睿炎學可以幫助人們了解自己的適合職業和發展方向，從而提高職業發展的成功率。在健康養生方面，睿炎學可以幫助人們了解自己的體質和健康問題，從而制定相應的養生方案，提高身體健康水平。總之，睿炎學是一門涵蓋廣泛、應用廣泛的學問，其涉及的範圍從宇宙萬物到個人命運，可以幫助人們探索生命和宇宙的奧秘，提高生活品質和生活的價值。睿炎學者們通過不斷地學習和實踐，不斷地拓展知識面和應用面，為更多的人帶來幫助和啟示。

第一節　是一個合道天成的學問

　　睿炎是一門關乎合道天成的學問，要想過得好，首先就必須認識自己的命運。古代聖賢早已經告訴我們，命運的知曉可以從天垂象中得到啟示。道德經裡有一句名言，「人法地，地法天，天法道，道法自然」，這個意思就是要我們向大自然學習。要學習大自然，首先要從土地開始。沒有土地，萬物就無法生長，人也不知道該如何生活。土地承載了一切，是萬物生命的基礎。易經裡有一句話「厚德載物」，這就是在講土地的良德，它不僅提供了萬物的棲息之所，更是生命的源泉。土地不會向萬物索要任何酬勞，也不會抱怨，這樣的精神值得我們去學習。學習土地需要承受且勇於承擔，這樣才能夠有創造的能力。

　　除了學習土地，我們還要學習天。天空是會變化的，有白天有黑夜，有晴天有陰天，有雨天。儘管它會變化，但它是有規律的變化，不會突然永無太陽，也不會永遠黑夜。大自然的變化有其固定的規律，人們可以從中悟出道理。月亮有陰時圓缺，就像人類會有旦夕禍福，月亮不會永遠缺，人也不會永遠倒楣，這就是自然的規律。人要學會平常心，不要過於得意忘形，也不要過於悲觀失望。船到橋頭自然直，否極泰來，這是自然的規律，也是生命的奧秘所在。知道何時變，怎麼變並且掌握變化，這樣就能趨吉避凶，掌握合道的方法。

合道是趨吉避凶的根本。若能掌握大自然的規律，便能合道。合道就是合理，合誰的理？那就是合自然的理，合社會的理。一個人若能夠合天合地又能合人，那這個人就是非常了不起的。因爲當一個人所做所爲都是合情合理，那麼就沒有辦不到的事情了。所以，學習睿炎學不僅可以幫助我們了解自己的命運，還能夠讓我們更好地理解和掌握大自然的奧秘。透過對自然和生命的深刻理解，我們能夠更好地與自然和諧共處，找到生命的眞正意義，從而獲得眞正的幸福和圓滿。

第二節　是一個精準定位的學問

　　算命到底準不準？如果算命不準的話，就不會有那麼多人對它感興趣了。如果算命不科學的話，那它爲什麼能流傳數千年卻未被淘汰呢？當談到算命準不準時，我會說它是準確的，但爲什麼有些人認爲它不準確，我們如何確定預測的眞實性？是否有一套標準來評估，又或者有沒有方法來做驗證？

　　這些是大多數人在尋求算命時想要問的問題。他們通常充滿期待和焦慮，因爲他們得到的答案可能是吉利的或者不吉利的。然而，在研究易經的智慧後，我們發現其經典裡沒有吉凶的概念。相反，一個結果是好還是壞，取決於當事人如何解釋和採取所得的答案。

算命的起源可以追溯到易經。它最早源於周文王時期，當時因為周武王（即文王之子）為了讓易經的學問更廣泛地傳播，所以才在這部哲學理論中加入了玄學的味道，以便使當時的人們更容易接受並發展成現在的算命。易經是最早的成功帝王學，從上古時期的伏羲氏創始，伏羲創造了八卦，到中古周文王和武王時期給每個卦加上了註解，並以有條理的方式逐步解釋，每個字和行都透露著一個人一生的規律以及成功之道。到近古時期，孔子進一步詳細地解釋易經。從古至今，易經的學問是受到全球人所推崇的，無論是中西方的學者、統治者還是專家，都將易經視為重要的參考書。

　　因此，我們應該先了解算命的本質是要懂得道理。人之所以會不如意，是因為我們不懂道理，不了解規律，做了錯誤的事或選擇，因此得到不如意的結果。因此，是否該相信算命，就得看算命師是否合道、懂道，說的是否是道理而不是危言聳聽。我們不能否認，有很多人拿著算命的幌子來欺詐和騙取金錢，這是絕對不能容忍的。而一位專業的命理師應該能夠讓人安心，並能夠傳授知識解惑，而不是讓問事者更加擔憂。當然，問事者的態度也很重要。很多人認同宿命論，認為一切都是天注定的。若是如此，那還需要去算命嗎？若一定會發生，那是不是根本不需要去算呢？所以在求道的過程中，要保持樂觀積極，以及宏觀的看待事情，切記不要太執著，避免掉入心術不正的老師的圈套。若是有正確的態度，當然就能從中發現我們的缺失，一旦發現我們可以立即修正，這才是算命的正確觀念。因此，我

們可以把這本書當作是一本工具書，當作是一本人生工具書，只要方法正確，我們就可以找到人生中精確的定位，進而讓自己獲得成功人生，做到此生無悔。

第三節　是一個能掌握未來的學問

　　掌握未來一直是人們追求的目標，但往往感到無從下手。算命在這種情況下就出現了，讓人們有了一種探索未來的方式。雖然，許多人對算命的準確性持懷疑態度。但是，算命背後的哲學和文化背景卻是深刻且有價值的，易經是算命學的起源，所蘊含的智慧受到世界各地高度重視。

　　從易經學到近代的姓名學，我們發現姓名裡的文字也影響著我們的未來。多年的研究後，睿炎應運而生。睿炎是一個結合現代心理學與中華文化傳統的命理學分析工具，能夠分析人的性格特點、職業傾向、感情婚姻、財運狀況等多個方面。以易經為基礎，睿炎運用姓名學聯合分析診斷，依據中華易學文化理念進行解惑，因此睿炎不僅能幫助我們掌握人生方向，更加能夠協助我們掌握未來。

　　睿炎的出現，使得算命不再是一個充滿謎團的領域，而是一個更具科學性、更易於理解的領域。使用睿炎進行命理學的分析，我們

能夠掌握自己的人生未來，不用再對於未來感到不安，因為睿炎的學理分析能夠為我們提供更清晰的方向。掌握未來，從現在開始，就讓睿炎成為你探索未來的必備工具。

第四節　是一個能掌握吉凶的學問

　　在這個不斷變化的世界中，唯一不變的就是變化本身。我們都希望擁有穩定安逸的生活，而為了實現這個目標，我們每天都在不斷努力著。但是，生活中總會發生一些變化，比如當我們還是孩子的時候，只需要一根棒棒糖就能讓我們開心滿足，但隨著我們逐漸長大，我們的需求和欲望也隨之改變。這些變化可能來自於我們對外界社會的認知，也可能來自於我們的個人慾望。我們都希望能夠心想事成，並且避免遭遇厄運。但要如何達到這個目標呢？首先，我們需要讓不好的人事物遠離我們。我們可以通過學校所學到的知識和在社會中的學習來辨別好壞。其次，我們的思維也會影響事物的好壞，也就是所謂的吉凶。那麼，有沒有一種工具能夠幫助我們檢測吉凶呢？答案是有的，那就是睿炎學。當事情還沒有發生的時候，我們往往不知道它的未來走向。但一旦我們做出決定後，吉凶就會出現。大多數人都不知道這一點，因為他們認為自己的決定是正確的。因此，在做出決定後，我們可以使用睿炎學來檢測，檢測出來的結果可以幫助我們檢討決定是否正確，並找出那些可能被忽略的地方。通過預測吉凶，我們

就可以趨吉避凶，達到心想事成的目標。

第五節　是一個以人為本的學問

　　睿炎的核心理念是以人為本，因為只有人類的幸福與繁榮才能真正地促進地球的永續發展。人類是萬物之靈，擁有著智慧和創造力，但同時也需要注意到人類的局限性和脆弱性。因此，將人放在中心位置，並以人為出發點的學問才能真正地幫助我們建立一個永續的社會。

　　中華文化重視以人為本，強調人的自我完善和全人發展。透過古代哲學思想，例如儒家的仁愛、道家的自然、佛家的慈悲，我們可以了解到人類在尋求自我實現的過程中，需要同時考慮到與他人、社會和大自然的關係，才能真正地實現人的幸福和全面發展。

　　現代社會中，科技的發展帶來了許多便利和進步，但也帶來了許多挑戰和問題。人們追求高效率和快速解決問題，卻忽略了人類的真正需求和價值。因此，我們需要更加注重以人為本的觀念，透過睿炎的學問和知識，來建立一個更加永續、更加人性化的社會。

　　同時，睿炎所倡導的以人為本的理念也包含了對社會責任的關

注。人類不僅需要關注自身的永續發展，也需要考慮到整個社會的永續發展。因此，睿炎倡導企業在發展中應該注重社會責任，對員工、顧客、供應商以及整個社會都應該負起責任，並且通過企業的發展促進社會的進步和繁榮。

如果我們不以人為本，只追求科技的發展和經濟的增長，就可能忽略了人們的需求和幸福感。這樣的做法不僅破壞了自然環境，也破壞了社會和人們的心靈。因此，我們需要以人為本，將人類的需求和幸福感放在首位，通過科技和經濟發展來實現這些目標。這就要求我們在科技和經濟發展的過程中，要關注人的生活品質、社會正義和人的身心靈等方面，不能只考慮短期利益，忽略了長遠的影響。

此外，以人為本也意味著要重視人與人之間的關係。人是社會性動物，我們需要彼此依存和互助，才能建立和諧的社會和穩定的社會經濟發展。因此，在建立社會和經濟體系的過程中，我們應該考慮到人與人之間的平等、尊重和合作，並且避免人與人之間的排斥和利益衝突。只有這樣，才能建立一個真正以人為本的社會體系，讓每個人都能夠在公平公正的環境中實現自我價值和幸福感。

總之，以人為本是一個重要的理念，是建立一個可持續發展的社會和經濟體系的基礎。我們應該通過科技和經濟發展來實現這個目標，同時也要重視人與人之間的關係，避免出現利益衝突和社會不

公。只有這樣，才能讓人類真正實現永續發展，讓地球可以永續，讓我們的生活更加美好。

第六節　是一個能世代相傳的學問

　　睿炎不僅是一種學問，更是一種能世代相傳的文化。睿炎的本質就在於尊重歷史傳統，並從中獲取智慧，進而實現現代社會的可持續發展。

　　睿炎是源於中華文化的易經學，已有數千年的歷史。透過易經之學，睿炎探討人與天地之間的關係，掌握人類生活中的重要決策，並從中獲取智慧。睿炎強調的是尊重歷史，從中獲取智慧，並在現代社會中實踐和發揚。

　　睿炎的本質不僅在於技術和知識的傳承，更在於價值觀和道德的傳承。睿炎強調的是人的本質，並鼓勵人們探尋自己的內在世界。通過睿炎，人們可以學會如何尊重自己和他人，如何與世界和諧相處。這些價值觀和道德觀是睿炎能夠世代相傳的關鍵所在。

　　睿炎的世代相傳是一種文化的傳承，也是對歷史的傳承。睿炎不僅在現代社會中有著重要的應用價值，同時也將中華文化的智慧和

價值觀世代相傳。從睿炎學裡，我們可以看到中華文化在現代社會中的繁榮和發展，同時也能夠感受到中華文化的博大精深。

　　睿炎的世代相傳也是一種對未來的傳承。透過睿炎，我們可以讓更多的人了解中華文化和中華智慧，並且將這些智慧和價值觀傳承給下一代。這種傳承，不僅是對中華文化的傳承，更是對人類智慧和價值觀的傳承。這種傳承的意義，是在於讓人類智慧和價值觀能夠永遠傳承下去，讓我們的後代也能學習並延用，因此睿炎作為一門深刻而世代相傳的學問，不僅能夠幫助現代人理解和掌握自己的命運，更能夠讓未來的世代從中獲得啟示和智慧。睿炎的知識體系樹立在中華文化的基礎之上，其核心價值觀即是以人為本，追求永續發展。

　　在睿炎的知識體系中，人的角色極為重要，易學強調「天人合一」的觀念，即人與宇宙是一體的，而且宇宙是有規律可循的。睿炎學問的基礎在於人對自然和社會的經驗和認識，強調人類的自我調適和自我完善，以實現永續發展的目標。

　　睿炎作為一門古老而深刻的學問，能夠激發人們對自然和社會的理解和對自我完善的探求，是世代相傳的重要傳承。睿炎的知識體系融合了中華文化的精髓和智慧，它是中華文化的重要組成部分，更是中華傳統文化的精髓所在。

睿炎學問的深刻和世代相傳的重要性，不僅體現在學術領域，更體現在人們的生活中。睿炎的理念已深入到中華民族的生活習慣中，例如訂婚儀式、婚禮、出生、命名、搬家、安葬等，都會遵循睿炎的一些原則和規範，體現了睿炎在中華文化中的根深蒂固的地位。

　　睿炎作爲中華文化的重要組成部分，具有深刻的理論基礎和實用價值，它以人爲本，追求永續發展，具有世代相傳的本質。睿炎的理念和價值觀對現代社會和未來世代都有著重要的啟示和價值，值得我們用心傳承和發揚。

第二章
為什麼合道就能成功

當我們提到成功時，很容易聯想到那些傑出人物、成功企業家或領導者。但事實上，成功不僅僅是這些人的專利。在日常生活中，每個人都可以通過遵循正確、合理、道德和倫理的方法和途徑，以實現目標或解決問題，這就是合道。

合道可以理解爲「走對路、做對事、用正當的方法達成目標」。

那爲什麼合道就能成功呢？

首先，合道強調的是使用正確的方法來實現目標，這不僅能夠提高成功的機會，還能夠避免遇到失敗或挫折。其次，合道要求人們在實現目標的過程中，遵循道德和倫理原則，做出正確的決策。這不僅能夠提高成功的機會，還能夠確保目標的實現是符合道德標準的。此外，合道還強調要聚焦目標，專注於達成目標所需的行動，以及持之以恆地追求目標，不斷地付出努力和行動。這些特點讓合道成爲一種強大的成功法則。

第一節　了解道的基本概念

　　道是中華文化的重要元素，它不僅強調萬物自然而然地生長發展，也關注人類社會的和諧發展。在道的世界觀中，和諧共存是非常重要的概念，它強調人與人、人與自然之間的和諧關係，促進社會的和諧發展。

　　和諧共存是指不同的事物在相互作用中能夠和諧共存，而不是互相排斥或破壞。在人與人的關係中，和諧共存可以表現為彼此尊重、信任、理解和合作。

　　在當今世界，和諧共存的概念更加重要。全球化的發展讓不同的文化、民族、宗教、價值觀念等彼此交融，而這種交融帶來的衝突和矛盾也日益突出。如果我們不能在多元化的環境中實現和諧共存，就會產生很多不必要的矛盾和衝突。

　　因此，要實現和諧共存，需要我們從多個方面入手。首先，我們需要尊重差異，尊重不同文化、民族、宗教、價值觀念等。其次，我們需要學會溝通和理解，尊重彼此的觀點和意見，並努力找到彼此之間的共同點。最後，我們需要共同努力，攜手合作，解決問題，實現共同的目標。

和諧共存是道的基本概念之一，也是現代社會的一個重要主題。只有實現了和諧共存，才能夠實現人與人、人與自然之間的和諧發展，讓世界變得更加美好。

除了人與人、人與自然之間的和諧共存，道的理念還強調了人內在身心靈的和諧發展。這種和諧共存是指，人的身體、心靈和靈魂之間能夠相互配合，達到身心靈的平衡和和諧。

身體、心靈和靈魂之間的和諧發展是一個重要的主題。在現代社會，由於快節奏的生活和壓力的增加，很容易造成身心靈的失調。如果不能及時調節和平衡身心靈，就會對個人的健康和幸福造成負面影響。

實現身心靈的和諧發展是非常重要的，首先，我們需要關注身體健康，通過運動、飲食等方式保持身體健康。其次，我們需要關注心理健康，保持積極向上的心態，擺脫消極情緒和負面情緒的影響。最後，我們需要關注靈性健康，通過冥想、靜坐等方式，發現自己的靈性需求，讓靈性和身心靈的發展達到平衡。

身心靈的和諧發展可以更好地發揮自己的潛力。同時，也可以讓我們更好地與社會和自然環境互動，促進社會的和諧發展。

身心靈的和諧發展是道的理念之一，也是現代社會人們關注的一個主題。通過身心靈的平衡和和諧發展，我們可以更好地適應現代社會的挑戰，實現個人和社會的發展。

第二節　學習睿炎學最好先了解五行

　　學習睿炎學系統，先從五行開始。五行是中華文化中非常重要的元素，它代表了自然界中的五種基本物質和力量，也象徵著宇宙萬物之間的神秘聯繫。在睿炎體系中，五行是解讀自然和人類社會之間關係的關鍵。因此，了解五行是學習睿炎學的第一步，也是掌握整個睿炎系統的基礎。

　　五行包括金、木、水、火、土，每一種都有獨特的意義和力量。例如，金代表著收斂、寒冷和堅固，代表權威和財富；木代表生長、靈活和綠色，代表創造力、才華和成長；水代表流動、柔軟和深邃，代表著智慧、感性和柔性；火代表熱情、活力和明亮，代表創造力、激情和能量；土代表穩定、肥沃和慷慨，代表實踐、現實和穩定。這五種元素，每一種都彼此互補，又彼此制約。了解五行，可以幫助我們更好地調整自己的生活和思想，實現更好的發展和進步。

　　在睿炎體系中，五行也是姓名學、卦象等多種內容的基礎。例

如，姓名學中，每個名字都可以用五行來解讀和分析，從而幫助人們
更好地了解自己和周圍的世界。在卦象中，每一個卦象也都代表著一
種五行力量，通過對卦象的解讀，可以更好地理解宇宙的變化和人類
社會的發展。

第三節　五行的變化無處不在

　　五行的變化無處不在，它代表著宇宙萬物之間的神秘聯繫和力
量，是中華文化中的核心概念之一。五行分別是金、木、水、火、土
這五種元素，代表了自然界中的五種基本物質和力量，也象徵著宇宙
萬物之間的相互作用和平衡。

　　五行的變化不僅存在於自然界和人類社會，也存在於個人的內
在世界中。每個人都需要運用五行的力量來調整自己的情緒和行為，
達到身心的平衡。例如，當我們感到疲憊或情緒低落時，可以運用金
的力量來積極思考，找到解決問題的方法，讓自己變得更有智慧和創
造力。

　　在家庭、社會、工作中，人們也需要運用五行的力量來調整自
己的生活和思想，實現更好的發展和進步。例如，在家庭中，土的力
量代表著穩定和慷慨，能夠幫助人們建立和諧的家庭關係；在工作

中，火的力量則代表著激情和能量，能夠激勵人們更加努力地工作，推動企業發展。

　　五行的變化無處不在，它們在不同的時空中呈現出不同的力量和影響。在宇宙中，五行的力量交織著，形成了宇宙的秩序和生命的多樣性；在人類社會中，五行的力量影響著人們的思想和行為，推動了社會的發展和進步；在個人的生活中，五行的力量調整著人們的情緒和行為，讓人們達到身心的平衡和和諧。

　　因此，學習五行的力量，運用五行的智慧，能夠讓人們更好地理解自然和人類社會之間的關係，也能夠讓人們更好地調整自己的生活和思想，實現更好的發展和進步。

第四節　五行代表的自然現象

　　五行代表自然界中五種基本物質和力量，與自然界的各種現象密不可分。從天空中的陽光、風和雨，到地面上的植物、岩石、土壤，每一個自然現象都反映了五行力量的存在和運行。比如說，水代表著流動和變化，涉及自然界中的河流、湖泊和海洋，也反映了人際關係中的溝通、情感和變化。火代表著熱和光，代表著自然界中的太陽、火焰和電，同時也涉及到人際關係中的熱情、能量和熱烈。金代

表著堅固和重量，反映了自然界中的岩石和金屬，也代表著人際關係中的穩定、力量和安全感。木代表著生長和發展，涉及到自然界中的植物和森林，也反映了人際關係中的成長、發展和學習。土代表著實踐和穩定，涉及到自然界中的土地和礦物，也代表著人際關係中的現實、務實和穩健。

　　這些自然現象讓人感受到五行力量的真實存在。它們貫穿於自然界的每一個角落，與生命息息相關。五行的變化無處不在，從小孩到成人，從內在到外在，從家庭到社會，從上班到當老闆，從平民到統治者，都逃脫不了五行的規律。因此，深入理解五行的概念，不僅能夠幫助我們更好地了解自然界和人類社會的運作，還能夠幫助我們在日常生活中更好地調整自己的思維和行為，實現自己的發展和進步。

第五節　五行與人之間的生活互動

　　五行是一個古老而深奧的概念，可以說是中華文化的重要組成部分。但這個概念並不僅僅是一個理論，它與人類生活息息相關，對人們的生活、工作和學習都有著深遠的影響。下面就讓我們更深入地探究五行如何與人類生活互動。

首先，五行與健康和養生密切相關。中醫理論認為，人體的五臟六腑與五行中的五種元素相對應，因此五行元素的平衡對人體健康至關重要。比如，金代表肺，木代表肝，水代表腎等等。如果某個五行元素過強或過弱，就會影響人體的健康。因此，了解五行的作用，可以幫助人們調節體內五行的平衡，保持身心健康。

　　其次，五行還與人際關係密切相關。中華傳統文化中，人們會遵循五行相生的原則，即木生火、火生土、土生金、金生水、水生木。這個原則被運用到了婚姻和家庭中，人們希望通過五行的相生關係，促進家庭和諧，幫助夫妻倆建立良好的感情。同樣的，五行元素也被應用到職場中，例如金代表職業發展和財富，木代表學習和發展，火代表領導能力和影響力等等。因此，在選擇職業、與同事相處等方面，了解五行元素的作用也會對人際關係產生積極的影響。

　　此外，五行還被廣泛運用於風水和建築領域。風水理論認為，地理環境的五行屬性會影響人們的運勢和命運，而建築物的設計和佈局也會受到五行的影響。因此，在選擇建築地點、設計建築物、布置家具等方面，人們都會考慮五行的影響，希望能為自己和家人帶來好運。

　　所以從以上的論述我們知道，對於我們每個人來說，了解五行元素的作用，調節自己的生活方式和精神狀態，運用五行元素的原則

幫助自己和家人達成目標，都會對生活產生正面的影響。

第六節　學習五行的變化，開啟智慧大門

　　五行是中華傳統文化的重要組成部分，它代表著自然界的五種基本物質和力量，是中華文化中的一種智慧體系。那麼，如何向五行學習，開啟智慧呢？

　　首先，了解五行的基本概念和相生相剋關係是學習五行的第一步。五行包括金、木、水、火、土這五種元素，它們之間相生相剋，互相影響，可以用來解讀自然界的變化和轉化，也可以應用到人類社會和日常生活中。了解五行的基本概念和相生相剋關係，可以幫助人們理解世界的運作和轉化。

　　在五行中，相生相剋是指五行元素之間的互相作用和制約關係。其中相生指的是一種元素可以生產另一種元素的關係，也就是說，其中一種元素的存在可以促進另一種元素的生長和發展。例如，水可以滋養木，木可以生火，火可以產生土，土可以培養金，金可以生水，這就形成了五行之間的相生關係。

　　相剋則是指一種元素可以制約另一種元素的關係，也就是說，

其中一種元素的存在可以限制另一種元素的發展。例如，木可以制約土，土可以制約水，水可以制約火，火可以制約金，金可以制約木，形成了五行之間的相剋關係。

　　五行理論告訴我們，所有事物都是相互關聯的，互相影響的。每一個元素都有其獨特的屬性和能量，但同時也受到其他元素的制約和影響。這種相生相剋的關係，讓我們看到了事物之間的微妙和複雜，也讓我們能夠更好地理解自然的運作規律。

　　學習五行，不僅是學習自然界的運作規律，也是在學習如何與自然共存，如何理解和尊重自然的規律。這種學習方式不僅能夠幫助我們更好地理解自己，還能夠幫助我們找到自己的位置，更好地理解其他人和事物的位置。同時，學習五行還能夠幫助我們發現自己的潛力和特長，更好地實現自己的夢想和目標。

　　最終，我們希望通過學習五行的規律，能夠實現人類社會和自然界的和諧發展。這需要我們不斷地學習和探索，善用自身的五行，幫助更多該幫助的人，促進社會的和諧發展，實現世界大同的理想。讓我們一起向自然學習，開啟智慧，走向更加美好的未來。

睿朕老師給同學的建議：
　　當我們遇到困境或挫折時，往往會感到無助和絕望。但是，這

並不意味著我們應該放棄。相反，我們應該保持積極的態度和堅定的信念，繼續努力向前。或許，你已經試過許多方法，或許目前情況不如你所願，但是別忘了，成功的道路並不是一帆風順的，而是需要付出努力和犧牲的。

在這條成功的道路上，睿炎的學問可以為你指引方向，帶領你走出迷茫和困境。然而，要實現成功，唯有正確的人生觀和積極的態度才是最重要的。我們強調基於道德的觀念和態度，而不是依靠神的幫助。只有做到人道合一，才能真正實現成功。

當你在追求自己的目標和夢想時，別忘了堅持合道的原則，這是通向康莊大道的必經之路。相信自己，相信道的力量，將成功之花一步步地綻放出來。在這求道的過程中，也祝願各位能夠心想事成，走向自己的人生巔峰。

第三章
命運的魔力：人為何要知命

　　在人類的生活中，我們無法避免地會遇到挫折、困難、失敗，甚至是生死存亡的問題。當我們陷入困境時，有一個古老而智慧的方法可以幫助我們穩定心神，那就是算命。算命的目的是讓我們知命，也就是提前讓我們了解自身的命運規律。那麼，人為何要知命呢？

　　首先，知命有助於我們正確看待命運與人生。雖然命運無法完全掌握在我們自己手中，但知命可以幫助我們認識到這一點。這並不意味著相信命運就是被動，而是讓我們更明白應該如何把握命運的節奏，找到自己真正的價值。在這個過程中，我們能夠學會接受自己的不足，並且做出修正。

　　其次，知命有助於我們建立良好的心態。在現代社會，競爭激烈，壓力山大，人們容易陷入焦慮、恐慌和自卑。知命能夠幫助我們更好地調整心態，讓我們在面對困境時保持冷靜，並敢於面對挑戰。通過知命，我們能在心靈上得到平靜，從而在人生道路上走得更穩、更遠。

　　最後，知命能夠幫助我們珍惜當下。當我們意識到命運是不斷

改變的，我們就會更加珍惜眼前的時光，把握與家人、朋友共度的每一刻。此外，知命也讓我們更加珍惜機遇，並且在遇到困難時堅持不懈，勇往直前。知命使我們更加珍視生命，並懂得如何在有限的時間裡創造無限的價值。

知命是一種生活哲學，它讓我們更加明智地面對命運，更加積極地調整心態，並更加珍惜當下。在這個瞬息萬變的世界裡，知命的意義在於幫助我們更好地認識自己，更有效地應對生活中的種種挑戰。

在開始探討命盤之前，我們必須先了解一個重要的概念：我們應該成為命運的主人，而不是讓命運操縱著我們。在睿炎學派裡，反對宿命論。什麼是宿命論？它認為命中注定的事情就是如此，即使再努力也不會有任何改變。這是一種非常消極的算命論調。即使結果看似好，也不見得真的能如你所願發生。因此，算命應作為一種協助我們的工具，讓我們在了解自己的命運後，更加積極地去學習和體驗，以找到自己的興趣和天賦。

知命之後，我們要學會感恩。在知命的過程中，我們會發現生命中許多美好的事物，如家庭、朋友和愛情。學會珍惜並感激這些美好，我們的人生將變得更加充實和幸福。

此外，我們要勇於承擔責任。知命並不是消極的命運觀，而是要求我們在了解自己的命運基礎上，勇敢地去追求自己的夢想，承擔起應有的責任。只有這樣，我們才能在生活中取得成功，並在人生的道路上留下自己的印記。

　　總之，知命並不意味著放棄努力或被命運所操控。相反，知命讓我們更加清楚自己的目標，更加堅定地走在自己的道路上。透過知命，我們能夠找到人生的平衡，並在各種情況下展現出更加成熟和堅定的態度。因此，人為何要知命？答案就在於，知命使我們更加理智地面對人生，讓我們在這個瞬息萬變的世界裡，不斷成長、茁壯，最終實現自己的夢想。

第一節　讓生命更璀璨：探索八字的奧秘，揭開命運之謎

　　出生時辰是人生成功的起點，這是一種古老的信仰。在中華傳統文化中，人們相信出生時刻的陰陽五行屬性會對一個人的命運和性格產生深遠的影響。

　　據信，每個人的出生時刻都會有一個對應的八字，由年、月、日、時四個要素組成我們稱為生辰。八字中的陰陽五行屬性代表著天時、地利、人和的綜合因素，可以用來推斷一個人的天命和命運。在

中華傳統文化中，相信天命決定一切，而八字則是揭示天命的一種工具。

出生時辰對一個人的命運產生影響的信仰並不只存在於中華傳統文化中。在印度，人們相信星座和行星運行的位置會對一個人的性格和命運產生影響。在西方，人們也相信星座和出生時刻會對命運產生影響。

雖然現代科學無法證實出生日期對人生成功的影響，但是相信它的人依然不在少數。無論信不信，出生時辰代表著一個人的起點。每個人的人生都會遇到各種各樣的機遇和挑戰，但是起點會對之後的路程產生深遠的影響。出生時辰給我們的命運設定了一個大的方向，當然具體的命運還是取決於我們自己的選擇和努力。

雖然出生時間對一個人的命運產生影響的說法並不被現代科學所支持，但是它仍然在中華傳統文化中深深扎根。無論信不信，人們都可以從自己的出生時間中尋找到一些啟示，為自己的人生規劃和目標設定提供參考。最終，我們的成功還是取決於我們自己的選擇和努力。

整體來說，生辰是中華傳統文化中被視為極為重要的因素之一，代表著人生的起點，以及命運、性格和行為傾向的綜合因素。儘

管現代科學無法證實八字對人生成功的影響，但這種信仰已經深深扎根在中華文化中，且被視爲是重要的準則和參考。

八字可以提供人們在面對人生抉擇時的參考和啟示，幫助人們更好地理解自己和周遭的環境。了解八字的運作，可以讓人們在遇到難關時更好地繼續前行，並在人生中更好地探索自己的發展方向。

無論信不信，八字仍然是人生成功的重要起點。八字的影響不僅限於命運，還涉及到個人的性格和行爲傾向。透過對八字的了解，人們可以更好地發揮自己的優勢，並尋找到自己的發展方向。

因此，我們應該了解八字的規律，從中尋找到自己的啟示，並以此爲參考，幫助自己更好地規劃自己的人生。在面對人生的各種抉擇時，八字可以幫助我們做出更明智的選擇，並讓我們的人生更加充實和豐富。

第二節　何謂天干？

天干五行是中國古代哲學家對宇宙萬物的定位方式，被視爲萬物之始，是五行相生相剋的基礎，也是中國古代科學技術、哲學、醫學等領域的重要基礎。由十天干和五行組合而成，每個天干和五行都

有獨特的意義和象徵。甲乙屬木，代表生命和生長；丙丁屬火，代表熱情和活力；庚辛屬金，代表堅強和穩定；壬癸屬水，代表柔軟和靈性；戊己屬土，代表實用和穩定。

在天干的理論中，每一個天干都有其獨特的特性和象徵意義，被用來表示人的不同屬性和命運。以下是十天干的簡介：

甲：木之首，象徵生長，有猛烈的生命力和不屈不撓的精神。

乙：次於甲，同樣屬於木，象徵柔和的個性和軟實力。

丙：火之首，象徵熱情、活力和創造力。

丁：次於丙，同樣屬於火，象徵穩健、才華和創意。

戊：土之首，象徵勞動和忠誠，有穩重和堅定的特點。

己：次於戊，同樣屬於土，象徵耐心和實用性。

庚：金之首，象徵堅強、果斷、公正和高貴。

辛：次於庚，同樣屬於金，象徵聰明、智慧、優雅和謹慎。

壬：水之首，象徵變化和柔軟，有創意和感性的特點。

癸：次於壬，同樣屬於水，象徵靈活、溫和、謙遜和懷柔。

根據天干的屬性和特點，人們可以推斷出不同天干代表的命運和個性，並在日常生活中運用天干來指導自己的行為和決策。例如，天干為甲的人通常具有強大的生命力和領導才能，天干為丙的人則具有活力和創造力，而天干為庚的人則具有果斷和公正的特點。

整體來說，天干在中國傳統文化中扮演著重要的角色，被用來預測和解釋人的命運和性格。理解天干的意義和特點，可以幫助人們更好地了解自己和周遭的世界，並指導自己的人生發展。

　　天干五行在中華文化中非常重要，它不僅幫助人們理解宇宙萬物的本質，也能幫助人們了解人與自然的關係。在睿炎學派中，它更代表了0-30歲的人生大方向，是我們人生中必須掌握的第一個規律。因此，每個人約莫花了30年的時間來探索自己的天干五行，天干屬性養成了我們的習性行為和習慣。如果提早了解這個屬性，我們將更加順風順水。如果人生在30歲之前總是不如意，代表你還不適應自己的屬性甚至不了解它。因此，在學習摸索自己的天干五行後，我們就能更清楚地掌握這個特性，並將其發揮到極致。

第三節　如何得知自身天干？

　　根據中國傳統神話，天干的起源可以追溯到黃帝與蚩尤之戰。相傳當時，蚩尤所使出的魔法，令黃帝陷入苦戰，眾將軍們亦無計可施。黃帝不得已，向天神祈求幫助，便得到了一個神秘的符號系統，以十個神秘符號作為指揮士兵的標誌，最終戰勝了蚩尤。

　　這十個符號就是甲、乙、丙、丁、戊、己、庚、辛、壬、癸，

被稱為天干。由此可見，天干最初是一種擁有神秘力量的符號系統，被用來幫助指揮戰爭。之後，天干逐漸成為了一種具有深刻哲學思想的符號體系，與陰陽五行理論相結合，用於推算和預測天地萬物的運行和變化。

從神話傳說中，我們可以看到天干背後的故事性和神秘性。這些神秘的符號系統，被賦予了超自然的力量和意義，成為了古代人們與天神溝通和交流的工具。隨著時代的演變，天干的意義和用途也逐漸變化，成為了一種代表中國文化的重要符號之一。

接下來我們教大家如何算出自身天干。首先將陰曆西元出生年減1911即得民國年，如西元1988-1911=77年，取77尾數7對應以下圖表即得天干戊及五行土，即得到正確天干五行

以下是天干尾數五行對照表：

尾數	0	1	2	3	4	5	6	7	8	9
天干	辛	壬	癸	甲	乙	丙	丁	戊	己	庚
五行	金	水	水	木	木	火	火	土	土	金

天干五行對我們的一生產生了深遠的影響。通過研究天干五行，人們能更好地理解自然現象和人類社會的運作，並能應用這些知識來提高生產力、改善社會發展等方面。天干五行不僅是中華古代文

化的重要內容，也是現代中華文化的重要組成部分。

　　透過了解自己的天干五行，我們能更清楚地了解自己的性格傾向，發揮自己的優勢，並修正不足之處。例如，如果你的天干屬於木，代表生命和生長，你有著開創性的思維和創造力，但也可能缺乏紀律性和耐性。如果你的天干屬於金，代表堅強和穩定，你有著優秀的領導能力和組織能力，但也可能缺乏靈活性和適應性。如果你天干屬火，代表熱情和活力，你喜歡冒險和挑戰且具有創造力和領導能力，但也容易過於衝動和缺乏耐心。如果你天干屬土，代表著穩定踏實和有耐力。善於規劃和組織，具有堅韌的意志力和耐力，但也容易產生過於固執和缺乏靈活性。如果你天干爲五行水的人具有豐富的情感和敏感的性格，善於理解他人和表達情感，具有靈敏的直覺和適應力，但也容易過於情緒化和缺乏自我主張。所以我們透過對自己天干五行的研究，我們能更好地了解自己的優缺點，並在人生中更好地發揮自己的能力。

　　天干五行是中國古代哲學家對宇宙萬物的定位方式，具有非常重要的文化和哲學意義。透過對天干五行的研究，人們能更好地了解自然現象和人類社會的運作，並應用這些知識來提高生產力、改善社會發展等方面。我們也能透過了解自己的天干五行，更清楚地了解自己的性格傾向，發揮自己的優勢，並修正不足之處，讓自己的生命更加體現價值。

第四節　十二地支的由來及特性

被譽爲「十二地支」的12生肖，源自於中國古老的傳統文化，它們見證了占卜和命理學的發展歷程。這12個具有代表性的生肖分別是：鼠、牛、虎、兔、龍、蛇、馬、羊、猴、雞、狗和豬，構成了一個獨特的循環。

相傳，天神創造了12生肖，並設計了一場驚心動魄的比賽，從無數動物中挑選出最具代表性的12個生肖。這場比賽極富挑戰，動物們必須先跨越一條波濤洶湧的大河，然後攀登一座巍峨高聳的山峰。經過激烈角逐，鼠、牛、虎、兔、龍、蛇、馬、羊、猴、雞、狗和豬依次脫穎而出，成爲了12生肖的代表。

雖然上述的故事充滿了神話色彩，但古人在觀察動物的過程中，確實發現了一些規律。經過無數次的實踐和研究，他們相信人類的命運具有與動物相似的特性，於是將12生肖的特點融入到人類的生命之中。每個生肖都有其獨特之處，這些獨特性源於大自然的神秘賜予，多樣的生物相互依存，共同構建了地球生命的生態鏈，使地球生命得以延續。

每個生肖都有其獨特的象徵意義。例如，機智敏捷的鼠象徵著智慧；堅定積極的牛代表毅力；英勇正義的虎象徵著勇敢；機靈靈活

的兔代表巧妙；神秘威嚴的龍象徵著權威；聰慧神秘的蛇代表著獨立；自由奔放的馬象徵著追求與自由；溫和善良的羊象徵著和諧與友愛；聰明幽默的猴代表著機智與趣味；勤奮奉獻的雞象徵著努力與敬業；忠誠友善的狗象徵著忠誠與大愛；豐收溫暖的豬代表富足與幸福。

　　每個生肖都擁有獨特的特性，這些特性是大自然的恩賜。在我們的出生年份中，藏匿著天干與地支兩大關鍵元素。這兩大元素分別主宰著我們兩個三十年的運勢，天干爲零到三十歲爲第一階段，地支則是從三十歲到六十歲的第二階段。這兩個階段的屬性和特性對我們一生的命運產生深遠影響，塑造著我們的人生道路。

　　因此，要想深入了解自己的人生大方向，掌握天干和地支的奧秘至關重要。通過了解這些元素，我們可以更好地洞悉自己的性格特點、優缺點以及與他人的相處之道。同時，我們還可以根據生肖特性、五行相生相剋的原理，以及天干地支的變化，來預測未來的運勢，爲自己的人生制定更明確的目標和計劃。

　　在中國傳統文化中，12生肖不僅僅是一種記年方式，更是一個豐富多彩的文化符號。它們承載著古人對自然界的敬畏與尊重，同時也體現了人類與動物之間深厚的情感聯繫。透過探索12生肖的奧秘，我們可以更好地理解中國傳統文化的精髓，並從中汲取智慧和力量，以應對人生中的種種挑戰。

第五節　十二地支的五行及特質

在中國繽紛的傳統文化中，12生肖象徵著地支的奔放精神，這些動物分別是：鼠、牛、虎、兔、龍、蛇、馬、羊、猴、雞、狗、豬。每個生肖都與神秘的五行（金、木、水、火、土）相互聯繫。接下來讓我們探索12生肖的五行屬性：

鼠（子）：水。鼠子代表著水的特質，機智、靈活、適應力強如同水一般無所不在。

牛（丑）：土中藏水。堅實的牛身上同時具有土與水的特點，穩重、務實、腳踏實地，敏感而堅定。

虎（寅）：木。老虎昂首挺胸，散發著木的特質，堅定、剛毅、生命力旺盛如同春天的枝條。

兔（卯）：木。兔子代表木的溫柔一面，敏感、柔和、成長力強，宛如綠葉般寧靜。

龍（辰）：土中藏木。龍的土與木特質並存，雄偉、強大，包容力強，根深蒂固並充滿生機。

蛇（巳）：火。蛇擁有火的熱情，智慧、充滿洞察力，激情與光芒充滿內心。

馬（午）：火。馬擁有忠誠，充滿火的特質，熱情、奔放、活力四射，猶如熊熊烈火。

羊（未）：土中藏火。溫和的羊充滿土的特質，又具火的行動力，善良、信任度高，令人感到溫暖。

猴（申）：金。猴子熠熠生輝，散發著金的特質，聰明、機敏、果斷，使周遭的人富有安全感。

雞（酉）：金。雞展示金的典雅，謹慎、細心、有條理，堅定不移並具有光芒。

狗（戌）：土中藏金。忠誠的狗擁有土的特質，並受金的品質影響，忠誠、誠實、負責任，堅定無畏並富有自我要求。

豬（亥）：水。豬展現出水的特質，慈善、仁慈、隨和，富有包容心與寬容度。

在中華傳統文化的奧秘中，12生肖和五行關係密切，形成了一個獨特的體系。每個生肖都帶有五行的某種特質，使得生肖具有更豐富的性格和特點。然而，五行屬性僅是生肖特質的一部分，我們還需綜合考慮其他因素（如天干、出生年月日時等）來對一個人的命運進行全面分析。透過探究生肖和五行的深層關聯，我們可以更好地了解自己和他人，並在人生道路上做出更明智的選擇。

第六節　出生年月日代表人生六個精彩篇章

傳統中華文化中，出生年月日被認為是揭示命運奧秘的魔法鑰匙。年、月、日三個因素共同塑造了人生三個大階段，每個大階段又包含兩個小階段，形成了人生的六個精彩篇章。

第一個篇章是「童年歡樂」，對應年柱天干。從出生到10歲，這是個充滿好奇與探索的時期。我們學會說話、行走，接受教育，為未來的人生奠定基石。

第二個篇章是「少年夢」，對應年柱地支。11至20歲，這是個滿懷激情與渴望的時期。我們學習各種知識技能，建立興趣與信念，為未來的職業和人生方向埋下種子。

第三個篇章是「青春飛揚」，對應陽曆月柱天干。21至30歲，這是個勇敢獨立、追求理想的時期。我們面對生活的挑戰與問題，開始為未來描繪藍圖。此外，這個階段也是我們追求自我價值和成就的時期。

第四個篇章是「壯年奮鬥」，對應陽曆日柱地支。31至40歲，這是個拼搏創新、實現夢想的時期。我們努力奮鬥，實現目標，為家庭和社會貢獻力量。

第五個篇章是「中年智慧」，對應陰曆月柱天干。41至50歲，這是個轉變與反思的時期。我們調整生活節奏，思考人生意義，為未來做好準備。此外，這個階段也是我們回顧過去、體驗人生多姿多彩的時期。

第六個篇章是「老年花開」，對應陰歷日柱地支。51至60歲，這是個智慧與體驗並重的時期。在這個階段中，我們將自己的智慧和經驗傳授給年輕一代，同時關注自己的身心健康，開始享受人生晚年的美好時光。

　　通過以上六個篇章，我們可以看到出生年月日代表了人生不同的階段，了解所處階段的五行，並加以了解運用，將有助於我們更好地規劃人生和發展方向。在不同的階段中，學習相應的五行技能和知識，了解我們與社會之間的規律及互動並保持積極的心態和態度，將助我們在人生的道路上走得更順利、更成功。

　　最後我們要了解，出生年月日是命運之書的書籤，生命的意義在於不斷探索、成長與轉變。讓我們擁抱每個階段的特點和意義，讓生命綻放出最燦爛的光彩。

第七節　善用自身五行特質，讓你事半功倍

　　知道自己的五行之後，本章教你如何運用五行相生的力量來提高工作和學習效率，減少浪費的時間和精力，並且取得更多的成就和成功。

首先我們定位出我們的天干地支五行，本章節我們用出生陰歷年來看，舉個例如果你是1988年的龍，我們就能得知天干地支爲戊辰，天干爲土，地支爲土中藏木，所以我們可以運用五行的相生，學習火及水的元素來提升我們自己。以下是五行相生的運用：

五行木者用水元素來提升

水生木，是五行相生理論中的一種重要原理。水能滋養木，木又能繁茂生長。在生活中，我們可以利用水生木的原理來提升自我，實現自己的目標和夢想。

首先，我們可以利用水生木的原理來增加自己的韌性。就像木能夠承受風雨的洗禮，而變得更加堅強和茁壯，當我們面臨挑戰和困難時，也可以透過這樣的思考來增強自己的韌性和毅力。不論是在工作上還是在生活中，我們都會遇到挫折和困難，但是透過這樣的思考方式，我們可以不斷地調整自己的心態，讓自己變得更加堅強和有活力。

其次，我們可以利用水生木的原理來提升自己的創造力和想象力。水生木的原理告訴我們，只要我們的心靈像水一樣清澈，就能夠滋養我們內心的木，讓我們的創造力和想像力繁茂生長。爲了讓自己的心靈保持清澈，我們可以嘗試去與大自然接觸，例如到大自然中漫步、欣賞美麗的風景等，讓自己充滿能量和靈感。

最後，我們可以利用水生木的原理來實現自己的目標和夢想。水能滋養木，讓木變得茁壯成長。同樣的，在實現自己的目標和夢想時，我們也需要一種類似水的東西，讓我們的夢想得到充分的養分，從而成長茁壯。這種類似水的東西可以是我們的信念、自我期許、對未來的願景等，只有這些東西充足了，才能夠滋養我們的夢想，讓它們茁壯成長。

　　總之，利用水生木的原理來提升自我，需要我們不斷調整自己的內心。

五行火者用木元素提升自我

　　木生火是五行相生理論中的一種原理。木能為火提供能量和養分，從而讓火熾烈燃燒。在生活中，我們也可以利用木生火的原理來提升自我，激發自己的潛力，並且取得更多的成就和成功。

　　首先，我們可以利用木生火的原理來激發自己的創造力和激情。木代表著成長和發展，而火代表著熱情和能量。當我們有了發展的目標和方向，我們需要一種熱情和能量，來支持我們不斷前進。我們可以利用這種相生的關係，讓自己的木和火達到平衡，從而激發自己的創造力和熱情。例如，我們可以透過學習新知識、嘗試新的事物，來提高自己的創造力和熱情，讓自己的潛力得到發揮。

其次，我們可以利用木生火的原理來提高自己的自信心。木能為火提供養分和能量，同樣的，當我們有了自信心，我們就能夠獲得更多的養分和能量，從而讓自己的火熾烈燃燒。因此，我們可以通過學習和實踐，來增強自己的能力和知識，從而提高自己的自信心。只有擁有自信心，才能夠讓自己的火更加熾烈，燃燒更長久。

最後，我們可以利用木生火的原理來實現自己的目標和夢想。在實現自己的目標和夢想時，我們也需要一種類似木的東西，來為我們的夢想提供養分和能量，從而讓我們夢想成真。這種類似木的東西可以是我們的計劃、執行力、毅力等，只有這些東西充足了，才能夠讓我們的夢想實現。

五行土者用火元素來提升自己

火生土的原理也可以應用於我們的性格和人際關係方面。火代表著熱情，而土代表著穩健和實在。在人際關係中，大多數土元素的人們不太擅長表達自己的想法和情感，這時候，火生土的原理就可以發揮作用。

在與他人溝通和交流時，我們有時候會因為害怕表達自己的想法和情感而退縮或是裝作冷漠。這時候，我們可以透過增加自己的熱情和實力來克服這些障礙，讓自己更加開放和真誠地與他人交流。

此外，火生土的原理也可以幫助我們建立更加積極和有益的人際關係。通過活潑和誠懇的傳遞，我們可以感染身邊的人，從而建立更加和諧和積極的人際關係。這種積極的關係可以讓我們更加開心和滿足，從而更好地實現自己的目標和夢想。

最後，火生土的原理也可以幫助我們更好地處理人際關係中的糾紛和衝突。透過增加自己的視野和看法，我們可以更加理性地分析問題，並尋找解決問題的方法。同時，積極的態度和開放的溝通方式也可以幫助我們更好地協調和處理矛盾，從而維護人際關係的和諧和穩定。

五行金者用土元素來提升自己

五行土的元素可以幫助金的人增強自己的穩健和實在，同時只要學習土的厚德載物，就可以更好地平衡金的人的自我優越感。

金的人通常擁有較強的自我優越感和自我中心，這是因為金的人天生具有自信和追求成功的特質。然而，如果過於強調個人成就，可能會忽視他人的感受和需要，這樣會在人際關係上造成阻礙。

若我們能將厚德載物的道理運用在日常生活上，我們將能吸引更多的貴人來協助我們。當金的人學會了土的元素，他們便能更好的

在職場上及家庭裡發揮優勢，從而更加成功和受人尊敬。

五行水者用金元素來提升自己

五行學說中，金生水的元素可以幫助五行水的人增強自己的智慧和理性，從而在生活中取得更多的成功和成就。在運用金的元素來提升自己的同時，五行水的人需要注意避免過於感性，而忽略自己的理智。

五行水的人通常心思細膩、敏感，但是有時會因為缺乏主見而無法做出決策。這時，運用金的元素可以幫助五行水的人增強自己的邏輯思考能力，從而做出更明智的決策。

金的元素代表著邏輯思考和理性，可以幫助五行水的人更好進行分析和推理。通過運用金的元素，五行水的人可以補充自己在思考方面的不足，從而更加全面地考慮問題和解決問題。

五行水的人在運用金的元素來提升自己的時候，需要注意避免過度在意他人，而忽略自己的感受。水的元素代表著感性和情感，所以在日常生活中我們必須要更清楚了解我們的優劣勢。因此，學習運用金的元素，可讓五行水的人能夠保持自己的理性及敏感度，並在情感和理性之間取得平衡。

運用五行相生的原理可以幫助我們更好地了解自己和周圍的環境，從而提升自己的能力和智慧。學會運用五行相生可以幫助我們了解自己的優點和不足，進而補足自己的不足，提升自己的個人能力。同時，運用五行相生的原理也可以改善自己的性格和人際關係，提升自己的社交能力。此外，學習和應用五行相生的原理，還可以找到更加高效和有效的學習和工作方法，提升自己的工作效率和能力。

第四章
與變化共舞——擁抱人生的無常

在一個多變的世界裡，變化無處不在，人們時常對未來感到不安。然而，我們應該意識到，變化是大自然運作的一部分，而且是生活中唯一不變的事物。要在這個瞬息萬變的世界中茁壯成長，我們需要學會擁抱變化，並與之共舞。

想像一下，你是一名舞者，生活是你的舞台。每一次變化都是一首新的樂曲，邀請你隨著節奏起舞。在這場舞蹈中，你需要靈活應對，不斷地調整舞姿和節奏，以保持與變化的同步。在這個過程中，你將學會擁抱變化，並從中獲取經驗和智慧。

首先，作為一名舞者，你需要接受變化。放下對過去的留戀，勇敢地踏上舞台，迎接新的機遇與挑戰。在舞蹈中，你將發現每一次變化都是一個展示才華的機會，也是一個成長的契機。

其次，保持學習是提升舞技的關鍵。不斷地吸收新知識、技能和經驗，讓你在舞台上更加自信和優雅。當新的樂曲響起，你將能夠隨著節奏旋轉、起舞，展現出無與倫比的風采。

在舞蹈中，靈活調整舞姿至關重要。當面臨突如其來的變化時，你需要迅速做出決策，選擇合適的舞步。在這個過程中，你將學會在變化的情況下保持平衡，並繼續前進。

　　此外，建立自信心是擁抱變化的基石。隨著你在舞台上的表現越來越出色，你將越來越相信自己有能力應對生活中的種種變化。

第一節　與大自然共舞──活潑地擁抱變化與成長

　　在這個繽紛多彩的世界裡，變化就像是大自然絢爛的舞蹈。身為生活的舞者，我們如何從大自然的智慧中學習，活潑地擁抱變化，並在人生舞台上盡情起舞呢？

　　首先，讓我們向大自然學習接受變化。觀察四季的變幻，欣賞生態的演變，變化無處不在。我們要像大自然一樣勇敢地擁抱變化，讓生活的舞台充滿新的機遇與挑戰。

　　其次，大自然告訴我們持續學習的重要性。正如生物在不斷地適應和演化以適應環境的變化，我們也應該在人生的舞台上不斷地吸收新知識、技能和經驗，讓我們的舞姿更加迷人。

此外，大自然教導我們靈活調整。觀察生物如何隨著環境變化而調整自己的行為和生活方式，我們應該在舞台上隨時調整舞步，以適應新的節奏和挑戰。

同時，大自然鼓勵我們建立自信。在充滿競爭的生態系統中，生物需要信任自己的能力。讓我們在人生舞台上充分展示自己的風采，相信自己有能力應對變化和挑戰。

此外，大自然激發我們保持積極態度。在生機勃勃的大自然中，生命總是在堅持求存。我們應該樂觀地面對生活的挑戰，相信每一次變化都是成長的契機。

最後，大自然讓我們明白支持與合作的價值。在生態系統中，生物之間經常存在著相互支持和合作的關係。讓我們在舞台上與他人攜手共度困難時期，共同面對變化帶來的挑戰。

第二節　大自然的警示：為子孫後代，我們該如何應對挑戰？

大自然在無聲中為我們敲響警鐘，讓我們深刻反思現代社會所帶來的身心靈危機。作為一個有責任感的世代，我們應該意識到，如

果不及時改變，我們的子孫將面臨更多的挑戰。所以我們不得不更加關注大自然的警示，為後代創建更美好的未來。

在這個物權橫行的世界裡，我們的子孫將不得不面對一個日益嚴重的環境危機。森林不斷消失，河流受到污染，氣候變化加劇，物種滅絕，生態失衡⋯這些問題已經開始對我們的生活產生影響，而對於我們的子孫來說，這些挑戰將變得更加嚴峻。

想像一下，當我們的子孫長大後，他們可能無法親眼目睹那些獨特的動植物種，無法在清澈的河流裡嬉戲，甚至可能無法在自然界裡尋找到一片寧靜的心靈避風港。這樣的未來是我們所擔憂的，也是我們應該竭力避免的。

那麼，作為現代人，我們該如何應對這些挑戰，為子孫後代留下一個可持續發展的地球呢？

首先，我們需要反思我們的生活方式和價值觀。過度消費、破壞性開發和對物質的追求已經讓地球承受了沉重的負擔。我們需要學會知足惜福感恩，並持續發展，並將大自然的保護融入日常生活。

其次，我們要善待自己的身心靈。在快節奏的生活中，我們應該學會放慢腳步，與大自然建立聯繫。通過學習易經、瑜伽等方式舒

緩壓力，並與親朋好友保持深入的人際關係。這不僅對我們自身有益，也將教會我們的子孫如何在未來面對生活中的挑戰。

再者，我們要積極參與環保行動，提高環保意識。從個人到社會，從政府到企業，我們都需要共同努力，保護地球的生態環境。這樣，我們才能確保子孫後代在一個宜居的星球上茁壯成長。

最後，我們要鼓勵創新和科技的發展。科技進步不僅能改善我們的生活品質，還能幫助我們更好地應對環境挑戰。例如，可再生能源、節能技術和綠色建築等方面的突破，都有助於實現可持續發展的目標。

作為現代人，我們有責任為子孫後代創建一個美好的未來。讓我們正視大自然的警示，迎接挑戰，共同守護這個美麗的地球家園。在這條道路上，每一個人的努力都是無比珍貴的。只有共同努力，我們才能讓子孫後代在一個繁榮、和諧、可持續的世界裡茁壯成長。

第三節　學會與自然互動，讓此生無憾

不論我們是否相信命運，至始至終我們脫離不開大自然，或許在浩瀚的宇宙裡，人類只是塵埃中的一粒，但這並不意味著我們無法

探索和理解自己在宇宙中的位置和意義。無論我們是否相信命運，我們始終無法脫離大自然的懷抱。在浩瀚的宇宙裡，我們可以通過觀察和學習大自然的運作法則，來不斷豐富自己的內心世界，找到生活的意義和價值。

在宇宙的脈動中，大自然始終遵循一定的規律。無論是四季更迭，還是萬物生長，都有其固有的節奏。人類在其中，既應該尊重自然，也應該遵循自然的節奏，以達到與大自然和諧共生的目標。

作爲地球上的一份子，我們有責任保護和珍惜我們共同的家園。這意味著我們應該在日常生活中積極實踐環保行爲，降低對環境的負擔，爲後代留下一個美好的生存空間。

此外，我們可以從大自然中汲取智慧，激發創造力。觀察和研究自然界的奧秘，可以爲我們在科學、技術、藝術等領域帶來靈感。同時，透過對大自然的敬畏，我們可以學會謙卑，不斷地自我反省和成長。

最後，不論我們身在何處，大自然都是我們永恆的依靠。當我們在人生道路上遇到困難時，可以向大自然尋求慰藉和力量。無論是在靜謐的山林，還是在波濤洶湧的海洋，大自然都能讓我們找到內心的平靜，並重新找回對生活的熱愛和信心。

在浩瀚的宇宙裡，讓我們與大自然共同成長，不斷追求眞理，充實內心，讓生命之旅更加美好。我們來到地球是客人，應該在離開時讓我們沒有遺憾，並且讓我們的心靈更加提升。

身為地球的客人，我們應該珍惜這次人生旅程的每一刻。我們要學會感恩大自然的恩賜，並積極地回饋社會和環境。通過尊重和保護自然，我們可以讓地球變得更加美好。

同時，我們應該努力提升自己的心靈境界。在人生的道路上，我們要不斷地學習、成長，並且與他人分享我們的知識和經驗。這樣，我們才能在離開地球沒有遺憾，並為自己的一生留下深刻的印記。

最後，讓我們作為地球的客人，與大自然共同成長，追求眞理和心靈的提升。在這次人生旅程中，讓我們努力讓地球變得更美好，並在離開時留下美好的回憶和完美的句點。

第四節　睿炎的核心理念與未來使命

睿炎，代表著智慧與傳承的結合，是一個致力於讓現代人找回心靈寄託，並繼承先賢智慧的學派。面對未來的挑戰，我們學習先人

的智慧，並將其不斷地傳承下去。我們的先人努力地耕耘，種植樹木，讓我們享有今日的發展和生活品質。因此，我們應該倍加珍惜這份恩賜，並將其延續下去。

在繁忙的現代生活中，每個人都曾經歷過迷茫和困惑。面對當下的無助與無奈，睿炎學派深切體會著大家的感受。每次聆聽他人的故事，我們都希望能夠第一時間伸出援手，給予支持。正因如此，睿炎學派的創立意在讓大家能從心底釋放疑慮，享受怡然自得的生活，進而實現安居樂業，最終達到隨心所欲的境界。

睿炎學派的未來使命是在這個充滿壓力和無奈的社會中，為人們的內心帶來一片淨土。我們致力於幫助大家找到內心的平靜，讓人們擺脫紛繁喧嘩的世界，找回那份簡單而純真的心靈。通過智慧的傳承，我們希望能夠將先賢的經驗與心得分享給大家，幫助每一個人度過人生的高潮與低谷，找到屬於自己的人生定位。

總之，睿炎學派的核心理念和未來使命是將智慧與傳承相結合，讓現代人在面對人生挑戰時能夠找到心靈的寄託。我們希望以先賢的智慧為指引，幫助大家釋放心中的疑慮，享受安定而充實的人生。在這個不斷變化的世界裡，我們將努力不懈，為人們提供智慧的燈塔，引領他們走向光明的未來。

睿炎學派將始終秉持這一使命，承擔起引導現代人找回內心平靜的責任。在這個瞬息萬變的時代，我們深知只有通過不斷學習和傳承智慧，方能讓人們在生活中保持平衡，克服困難。我們將努力將傳統智慧與現代科技相結合，從而幫助每個人實現心靈的昇華，追求更美好的人生。

　　睿炎學派將不僅致力於傳播先賢智慧，還將關注當代社會問題，積極回應人們的需求，為大家提供實用的指導。我們將以人為本，站在人類的立場上，融合古今智慧，開創出適應時代發展的新思維。

　　整體來說，睿炎學派的核心理念與未來使命是致力於將智慧與傳承相結合，幫助現代人在面對人生挑戰時找到心靈的寄託，並引領他們在不斷變化的世界中保持平衡，追求更高層次的自我成長。我們將恪守這一使命，為人類的幸福和進步而努力。

第五節　現代算命越來越失準

　　在尋找未來指引的過程中，許多人希望找到一位能夠準確預知未來的老師。然而，隨著網路的興起，各種算命方式層出不窮，從家喻戶曉的塔羅占卜到動物占卜，琳瑯滿目的算命工具紛紛出現在我們

的生活中。這其中，許多半路出家的「老師」也紛紛現身，高調自立門派。不幸的是，有些人利用算命和神職代言人的身份行騙，欺騙社會，這實在是令人遺憾的現象。

那麼，為何會出現如此多的亂象呢？原因在於人類的貪婪和無知。許多人落入所謂的「神棍」的陷阱，卻忽略了算命本身並非宿命論。事實上，所有的算命占卜都源於易經，而易經從未提及人生是宿命論。相反，它告訴我們，一切皆有規律，我們應該掌握這些規律，並強調事在人為。

算命是一個工具，而非決定我們人生的主宰者。我們不應該被工具所控制，而是要學會運用工具。正如古人所言：「君子問凶不問吉」，意味著我們算命時應檢測自己是否做出了不合道的事情。如果有，結果將顯示為凶。這時，我們應該立即修正，一旦修正後符合道理，結果自然會顯示吉。

因此，在算命時，我們應懷著感恩和虔誠的心態來問事。我們不應該什麼都不做，卻向天地或老師乞求好的結果。一旦貪念出現，算命結果便容易失準。有些人害怕不好的結果，占卜結果為凶時，他們會對自己失去信心，甚至貪求所想之事，很容易被不正當的老師所欺騙。最終，他們可能無法實現自己的願望，還可能浪費大筆金錢。

因此，要讓占卜結果更加準確，我們需要了解自身的規律，並擁有正確的算命態度。在占卜過程中，我們應該心懷感恩和虔誠，並時刻提醒自己，算命只是一個指引工具，而非生活的主宰者。只有真正理解並運用這一原則，我們才能在面對不確定的未來時，找到最適合自己的道路。

總之，現代算命之所以越來越失準，很大程度上是因為人們缺乏正確的心態與態度。在這個充滿變數的世界裡，我們應該把算命視為一個幫助我們更好地了解自己和未來的工具，而非生活的全部。只有這樣，我們才能避免陷入算命亂象，讓算命真正發揮其應有的作用。

第六節　敬鬼神而遠之：我們應該保持尊重與距離

在許多文化和宗教中，鬼神被認為是超自然的存在，具有無法用科學解釋的力量。對待鬼神的態度，我們應該遵循「敬鬼神而遠之」的原則。這意味著在尊重它們的同時，保持適當的距離。以下是幾個原因，說明為何我們應該遵循這一原則：

1. 避免盲目崇拜：

尊重鬼神並不意味著要盲目崇拜。過度依賴鬼神力量可能會讓人忽視自己的努力和責任，導致過度依賴和消極懈怠。理性尊重鬼神

有助於我們珍惜自身力量，並勇於承擔責任。

2. 維持心靈平衡：

敬鬼神而遠之，意味著在尊重超自然力量的同時，保持內心的平靜和祥和。避免過分沉迷於神秘事物，以免影響我們的心理健康，使我們無法正確面對現實生活中的挑戰。

3. 保護自己免受欺詐：

過分迷信鬼神可能讓人容易受到不擇手段的人的欺詐。有些不法分子會利用他人的恐懼和迷信，設下騙局，損害他人利益。保持理性尊重鬼神，有助於我們識別和抵禦欺詐行為。

4. 避免干擾生活：

過分接近鬼神可能會對日常生活產生負面影響。保持適當的距離有助於我們專注於身邊的親朋好友和生活中的美好時光，避免神秘事物過度佔據我們的生活空間。

5. 維護尊嚴：

尊重鬼神是一種美德，但過度恭順可能對個人尊嚴造成損害。保持適當的距離有助於維護我們的自尊和自信，我們在與鬼神的互動中保持自我，避免過度屈尊求情或變成受人支配的工具。

最後，敬鬼神而遠之的原則有助於我們避免過度依賴和盲目崇拜超自然力量，保持心靈的安穩與踏實，識別和抵禦欺詐行為，專注於現實生活和維護個人尊嚴。我們可以尊重鬼神的存在，但也要保持理性和適當的距離，以實現真正的尊重和平衡。

第五章
如何逢凶化吉？

俗語說：「福禍無門，惟人自召」。逢凶化吉，卽是遇到不幸時如何轉化爲好運的一種智慧。在生活中，我們難免會遇到挫折和困難，但關鍵是要學會如何應對和克服。古人智慧告訴我們一段話叫做天助自助者，意思是說，當我們遇到困難時，只有自己主動去努力解決問題，才有可能獲得成功和好運。所謂的「天助自助者」，就是強調一個人必須自己付出努力，才能獲得天時、地利等外在因素的幫助。換句話說，命運並非完全由天定，而是可以通過自己的努力去改變。

在生活中，擁有逢凶化吉的智慧，意味著我們要在面對挑戰和困難時，保持積極的心態和堅定的信念。通過不斷學習和磨練，我們可以提升自己的能力，爲自己創造更多的機會。此外，適時調整心態，保持冷靜和理智，也是克服困難的重要因素。

第一節　若想逢凶化吉必須具備這些能力

逢凶化吉是一種不屈不撓的精神，它體現了面對困境時的堅韌意志和敏銳洞察力。當人生中遭遇挫折和困難時，擁有一些特定的能

力才能在逆境中化危機爲轉機。運用自身五行命盤，了解當下的五行和規律是逢凶化吉的第一步，透過這樣的了解，可以更好地把握自己的性格傾向、天賦才能和運勢變化趨勢，從而更好地應對挑戰和困難。

　　積極面對困難、不斷學習和成長、調整心態、善於求助以及保持耐心和毅力等能力，都是逢凶化吉不可或缺的關鍵能力。當我們遭遇挫折和困難時，保持積極樂觀的心態和相信自己能夠解決問題是非常重要的。通過學習新知識和技能，不斷提升自己的能力，可以在面對挑戰時更有底氣。同時，要學會調整心態，從不同的角度思考問題，尋找最佳解決方案，而在適當的時候，不要害怕向他人求助，借鑒他人的經驗和建議可以幫助我們更好地解決問題。

　　最後，要保持耐心和毅力，成功需要時間和堅持，不要因爲一時的挫折就放棄。逢凶化吉的智慧在於學會如何在困境中自我成長，將不利的因素轉化爲有利的條件。只有不斷努力和自我提升，我們才能在生活中創造更多的好運和成功。逢凶化吉，不僅是一種智慧，更是一種不懈的努力和堅韌的精神，只有這樣，我們才能在人生的逆境中走出一條充滿希望的路。

第二節　吉凶是可以預測的！學會算60年一生規律

通過睿炎學派的獨特推算方法，我們可以掌握人生中的五行規律，並利用五行特性來趨吉避凶。

以下是人生六大階段的五行：

1. 0-10歲：以陰曆年份換算天干五行

2. 11-20歲：以陰曆年份換算地支五行

3. 21-30歲：以陽曆月份換算天干五行

4. 31-40歲：以陽曆日子換算地支五行

5. 41-50歲：以陰曆月份換算天干五行

6. 51-60歲：以陰曆日子換算地支五行

透過上述方法，我們可以計算出不同年齡階段的五行規律，並根據五行特性趨吉避凶，更好地把握命運。

以周節輪為例，陽曆生日：1979年1月18日，陰曆生日：1978年12月20日。

1. 0-10歲：天干戊五行土

2. 11-20歲：地支午五行火

3. 21-30歲：陽曆一月換算得水

4. 31-40歲：陽曆18日換算得火

5. 41-50歲：陰曆十二月換算得水

6. 51-60歲：陰曆20日換算得土和火

可參考附帶的月與日換算比對圖，以便進行換算。

以下是月柱和日柱的五行對照表：

月柱對照表：

月份	五行	月份	五行	月份	五行	月份	五行
一月	水	四月	木	七月	土	十月	金
二月	水	五月	火	八月	土	十一月	水
三月	木	六月	火	九月	金	十二月	水

日柱對照表：

日期	五行	日期	五行	日期	五行
1、13、25	水	5、17、29	土和木	9、21	金
2、14、26	土和水	6、18、30	火	10、22	金
3、15、27	木	7、19、31	火	11、23	土和金
4、16、28	木	8、20	土和火	12、24	水

根據上述對照表，您可以確定在特定月份和日子出生的人的五行屬性。

第三節　五行元素的特質及運用

（一）金元素的特質與應用——堅韌與謙虛

金元素，象徵著高貴、自信和華麗，它的堅韌和光澤總是令人讚歎。但在這美麗的背後，是漫長的歲月與無數次的打磨。就像一個人的成長過程，需要經歷風雨，才能成為更好的自己。

想像一個勤奮的工匠，日復一日、年復一年，將普通的金屬雕琢成一件藝術品。他的堅持與毅力，正是金元素的精神象徵。在生活中，無論面對何種困難，我們都應保持這種堅持與毅力，堅信終究會迎來黎明。

然而，金的堅韌並不意味著固執與驕傲。成功時，我們需要保持謙虛，懂得感恩。因為只有懂得感恩的人，才能尊重他人，也才能收穫更多的友誼與愛。

在日常生活中，金元素教導我們要勇往直前，但同時也要謹慎行事。在面對困境時，要保持堅定和樂觀，並適時展現自己的謙虛與感激之心。通過學習金元素的特質，我們可以讓自己的人生更加充實和有意義。

（二）土元素的特質與應用——包容與沉穩

土元素，象徵著低調、內斂和包容，它的力量來自於擁抱與滋養萬物。土擁有強大的包容力，願意給予他人支持與關愛。在生活中，我們應該學會像土一樣，擁抱不同的觀點，尊重他人，與他們共

同成長。

　　想像一片肥沃的土地，滋養著無數的植物，讓生命在其中繁衍。這片土地沒有過多的要求，只是默默地給予。在我們的日常生活中，我們可以向土元素看齊，學會在不搶風頭的情況下，對他人付出關愛和支持。

　　土元素還教導我們在面對困難時保持沉穩。就像土地在風吹雨打中依然堅定不移，我們也要在逆境中保持冷靜和理智。這種沉穩的態度可以幫助我們更好地應對挑戰，避免受到情緒波動的影響。

　　此外，土元素鼓勵我們在生活中保持謙卑。這並不意味著自卑或放棄追求，而是懂得感恩，珍惜身邊的一切。謙卑使我們能夠正確看待自己的成就，並尊重他人的努力。

　　總之，土元素的特質和應用教導我們在生活中保持包容、沉穩和謙卑。這些品質將幫助我們建立更美好的人際關係，並在人生的道路上取得更大的成功。讓我們將土元素的智慧融入日常生活，感受其中的真諦與力量。

（三）水元素的特質與應用──靈活與堅定

　　水元素具有靈活、柔韌和適應力的特質。它的流動性和變幻無常使得水能夠適應不同的環境和變化。在我們的生活中，學會像水一樣靈活適應變化，可以幫助我們在面對挑戰時更加從容。

　　水的流動性不僅體現在適應能力上，還體現在思維方式上。水教導我們要具有開放的心態，願意接受新觀念，不斷學習。這樣的思

維方式能夠幫助我們在生活中更加富有創造力，擁有無限可能。

　　然而，水元素也提醒我們要注意保持堅定和毅力。流水雖具靈活性，但在面對困難時也需保持恆心。正如水可以穿石，堅持不懈地努力將使我們在人生道路上走得更遠。

　　水元素還告訴我們要在感性與理性之間取得平衡。水既富有感性，又能保持冷靜的理智。在生活中，我們需要學會如何在適當的時候展現感性，同時也要保持理智，做出明智的決策。

　　總之，水元素的特質和應用是多面的。學會像水一樣靈活適應變化，堅定毅力，並在感性與理性間取得平衡，能使我們在生活中更具智慧和力量。將水元素的特質融入日常生活，讓我們成為更加成熟、富有包容力的人。

（四）火元素的特質與應用──熱情與冷靜

　　火元素，象徵著熱情、活力和創造力，它燃燒著無盡的能量，激發著我們前進的勇氣。火元素展現出生命的激情和力量，在生活中，我們應該學會像火一樣，擁有熱情和積極的態度，追求自己的目標。

　　火的熱情和活力使其具有強烈的溝通能力。火元素賦予我們勇於創新的精神，願意嘗試不同的方法，挑戰未知的領域。在工作、學習或生活中，我們應該像火一樣，勇於創新，發揮無限潛能。

　　然而，火元素也提醒我們要學會冷靜和思考。火的熱情容易使人過於衝動，甚至盲目行動。在面對問題和挑戰時，我們應該保持冷

靜，深思熟慮，以更加理智的方式解決問題。

　　此外，火元素還教導我們要學會與他人合作。火的熱情雖然具有感染力，但過度的熱情可能會讓他人感到壓力。我們應該學會適當地分享自己的熱情和想法，與他人攜手共進，共同實現目標。

　　總結，火元素的特質和應用需要我們在熱情與冷靜之間找到平衡。通過學習火元素的特質，我們將擁有更強烈的熱情和創造力，同時學會冷靜思考和與他人合作，使我們的生活更加美好和充實。

（五）木元素的特質與應用──成長與創造

　　木元素象徵著成長、發展和創造力，它展現了生命力的無窮潛能。木的堅韌與生命力使其能在逆境中茁壯成長，為我們帶來啟示。在生活中，我們應該學會像木一樣，勇於面對挑戰，不斷追求成長和進步。

　　木元素還代表著創造力，激發我們將想法轉化為現實。木質的人具有豐富的想像力和創新能力，在藝術、音樂、文學等領域表現尤為突出。學會像木一樣發揮創造力，將使我們的生活更加多彩。

　　然而，木元素也提醒我們要注意與他人建立良好的關係。木質的人可能過於自我，缺乏耐心，不善與人相處。我們應該學會與他人保持和諧，分享我們的成長和創意，讓彼此更加豐富。

　　總之，木元素的特質和應用需要我們在成長和創造中找到平衡。通過學習木元素的特質，我們將擁有更強的生命力和創造力，同時學會與他人建立良好關係，使我們的生活更加美好和充實。

睿朕老師重點整理：

　　我們探討了五行元素（金、土、水、火、木）的特質及其在生活中的應用。每個元素都有其獨特的象徵意義和特質，幫助我們更好地了解自己和應對生活中的挑戰。

1. 金元素代表高貴、自信和華麗，提醒我們要經歷挑戰和歷練才能成為更好的自己。同時，我們也應保持謙虛低調，避免自大。

2. 土元素象徵低調、內斂和包容，教導我們在生活中尊重他人，學會傾聽並與他們共同成長。

3. 水元素具有靈活、柔韌和適應力的特質，鼓勵我們在面對變化時保持開放的心態，同時要保持堅定和毅力。

4. 火元素代表熱情、活力和創造力，激勵我們勇敢追求目標，並在熱情與冷靜之間找到平衡。

5. 木元素象徵成長和創造力，教導我們激發內在潛能，努力發展自己，同時關注他人的需求和感受。

　　五行元素特質的學習能幫助我們在生活中更好地應對挑戰，達到自我成長和與他人和諧共處的目標。通過瞭解這些特質，我們可以在不同情境中做出更適切的選擇和決策，讓生活更加美好和充實。

第四節　探索五行奧秘——心態的重要性

在五行理論的世界裡，心態扮演著至關重要的角色。當我們用心去感受五行的力量，並用客觀多元的思維來解讀它們，我們便能真正掌握它們的精髓，從而幫助我們在生活中走得更穩更遠。

客觀多元的心態意味著在探討五行時，我們需要擁有開放和包容的精神。我們要理解金、木、水、火、土這五種元素之間的相互關係，並尊重它們所代表的不同特質。只有在這種基礎上，我們才能夠全面而深刻地把握五行的奧秘。

首先，我們需要摒棄僵化的思維和以偏概全的態度。在面對五行理論時，應該保持學習和探索的心態，不斷吸收新知識。同時，我們要避免將五行視爲一成不變的定律，因爲五行理論並非宿命論，而是一種生活指引。

其次，心態的重要性也體現在尋求五行間的平衡。我們需要理解五行中各個元素之間的相生相剋關係，並在生活中積極尋求和諧與平衡。這不僅對我們的人際關係至關重要，也對我們的個人成長具有深遠影響。

要真正理解和運用五行理論，我們應該遵循以下五大原則，使我們的生活更加多彩與充實：

1. 客觀多元思維：

在學習五行理論時，要保持開放與包容的心態，避免因局限性而導致僵化的思維。了解五行中每個元素的特質與關係，尊重它們之間的相互作用，並在實際應用中全面考慮。

2. 非宿命論：

五行理論不是預測命運的絕對定律，而是一種指導和啟示。我們的命運取決於個人選擇和努力。運用五行理論來指導生活，讓我們更好地發揮自己的潛能，適應變化，克服困難。

3. 尊重與平衡：

尊重五行中各個元素，理解它們之間的相生相剋關係，並在實際生活中尋求平衡。無論是與他人相處還是自我成長，保持五行元素間的和諧與平衡都至關重要。

4. 應用五行於生活：

學會將五行理論運用到日常生活中，例如在工作、人際關係和健康等方面。透過對五行特質的理解，我們可以找到最適合自己的方法，讓生活更加和諧與美好。

5. 五行與自我成長：

運用五行理論來促進個人成長，認識自己的優點和不足，並努力改進。五行能幫助我們發現潛在的才能，激發創造力，實現自己的夢想。

第五節　安內攘外　修身　齊家　治國　平天下

　　在前一節中，我們探討了解讀五行的心態及其重要性。接下來，讓我們將這種心態與修身、齊家、治國、平天下的理念相結合，看看如何將五行的智慧運用到日常生活中，讓我們知己知彼，百戰百勝。

1. 修身與五行：

　　在修習五行之道時，我們要先修身。通過了解五行（金、木、水、火、土）及其相生相剋的關係，我們可以調整自己的行為和心態，使之更加和諧。例如，若自己屬火，則應避免過於沖動，以免與屬水的人產生摩擦。在實踐中，我們將五行原則融入生活，從而培養出良好的品行與修養。

2. 齊家與五行：

　　運用五行原則來經營家庭關係，能夠使家庭更加和諧。了解家人的五行屬性，有助於我們更好地理解他們的需求和性格特點，並因應不同的五行特質調整相處方式。例如，若配偶屬木，則應給予他們足夠的空間，以免產生壓力。

3. 治國與五行：

　　五行理論對於國家治理也有指導意義。在國家治理中，應充分考慮五行原則，尋求各領域間的平衡與和諧。例如，在經濟發展方面，要兼顧金（財富）、木（資源）、水（流通）、火（創新）和土（基礎建設）等各方面，實現國家持續發展。

4. 平天下與五行：

以五行原則爲指導，我們可以在全球範疇內尋求共同發展。尊重不同國家和民族的五行特點，通過國際合作實現資源共享，促進世界和平與繁榮。

通過將五行理念融入修身、齊家、治國、平天下的實踐，我們可以在生活中感受到五行智慧的魅力。以下是一些具體建議，以幫助我們在日常生活中實踐五行與修身、齊家、治國、平天下的原則：

1. 環保與五行：

在日常生活中，我們可以將五行原則應用到環保實踐中。例如，我們可以通過節能減碳（屬金）來保護植物（屬木），珍惜水資源（屬水），開展綠色生活方式（屬土），以實現環境與社會的可持續發展。

2. 健康與五行：

在保持身心健康方面，五行理念也可以發揮作用。我們可以通過飲食調理、運動鍛煉等方式來平衡五行，促進身體的健康。例如，選擇五行相應的食物來調節身體機能，或者進行適合自己五行屬性的運動，以達到身心的和諧。

3. 人際關係與五行：

在人際交往中，理解他人的五行屬性有助於我們建立良好的人際關係。通過觀察他人的行爲與性格特點，我們可以判斷他們的五行屬性，從而選擇更適合的相處方式。例如，與屬金的人交往時，我們

應該表現出堅定而有原則的態度，以贏得他們的尊重。

4. 工作與五行：

　　在職業生涯中，運用五行原則可以幫助我們找到最適合自己的工作。通過了解自己的五行屬性，我們可以確定自己在工作中的優勢和劣勢，選擇能夠發揮自己特長的職業。

　　學會將五行理念與修身、齊家、治國、平天下相結合，可以使我們的生活更加豐富多彩，幫助我們在不同領域取得成功。讓我們用五行智慧來引導日常生活，實現內心的平衡與和諧。

第六章
心安理得——做人的根本

　　在人生的道路上，我們總是在尋求各種成功和滿足。然而，有時候我們為了達到目的，可能會忽略一些根本的道德原則。這樣的行為雖然可能短暫地讓我們嘗到名利的甜頭，但卻不能讓我們真正感受到內心的安寧和滿足。因此，在這一章中，我們將探討心安理得為何是做人的根本。

　　首先，心安理得意味著我們的行為和決策是建立在良好的道德和價值觀基礎上的。當我們遵循正確的道路行事時，內心便能感受到安寧和自豪。相反，如果我們為了追求名利而不擇手段，那麼無論表面上看起來多麼成功，內心始終難以平靜。因此，心安理得是達到真正的成功和幸福的關鍵因素。

　　其次，心安理得有助於我們建立良好的人際關係。當我們心懷誠懇，以真誠的態度對待他人時，自然會贏得他們的信任和尊重。這樣的人際關係對我們的心靈成長和成功至關重要。與此相反，那些為了私利而欺騙他人的行為終將使自己陷入孤立和痛苦。

　　再者，心安理得能夠提升我們的生活品質。當我們過上道德高

尚的生活，心懷感激和尊重時，我們便能在日常生活中找到滿足感和幸福。這種狀態遠比短暫的名利更能為我們帶來持久的滿足。

最後，心安理得是我們成為身心富足的人的基石。在追求名利的過程中，我們可能會失去自己的本性和價值觀。然而，只有在保持心靈純潔、遵循良知的情況下，我們才能達到真正的身心富足，過上怡然自得的生活。

第一節　追求心靈富足的困難與反思

在這個物質與名利充斥的世界裡，大家都渴望心安，然而，實現心安卻變得越來越困難。為什麼心安如此難以達到？這其中是否與我們所追求的東西有關？本節將探討這一問題。

首先，要想心安，我們需要明確自己真正追求的是什麼。很多時候，我們都在尋求看得見的物質財富，卻忽略了生命中更重要的東西。俗語說得好：「生不帶來，死不帶去，萬般帶不走，唯有業隨身。」這意味著，我們在世間追求的物質財富終究無法帶走，唯有我們的品行和善業會伴隨我們的靈魂。

過度的慾望會讓我們產生貪婪，而貪婪往往使我們陷入迷茫。

當我們的心境失去平衡時，我們便難以達到心安的境地。過度的貪婪不僅對我們個人的心靈產生負面影響，還可能對家庭和諧與生態環境帶來災難。

因此，若要達到心安，我們應該重新思考自己的追求。或許，我們需要關注更多的是靈魂的價值，而非物質的滿足。一個人的一生是否能被人們所銘記，取決於我們在世間留下的善行與美好回憶。與此同時，我們應該學會滿足與感恩，降低對物質的渴求，專注於提升自己的品行和修為。

睿朕老師溫馨小提醒：

心安難以達到的主要原因在於我們過分追求物質財富，而忽略了靈魂的價值。要想實現心安，我們需要重新認識自己的追求目標，將目光轉向靈魂的成長。

第二節　從心出發，發展健康身心靈

在第一節中，我們探討了追求心靈富足的困難與反思。然而，實現心靈富足並非遙不可及的夢想。只要從現在開始重新出發，採取簡單實用的方法，就能輕鬆打造健康的身心靈。以下幾個方面可以幫助我們在這條道路上取得成功：

1. 確立正確的價值觀：

重新審視自己的價值觀，將注意力從物質慾望轉向提升自己的品行、修為和人際關係。這樣的轉變並不困難，只需每天花些時間反思自己的行為和思考，漸漸地就能培養出正確的價值觀。

2. 學會滿足與感恩：

在日常生活中，養成感恩的習慣。每天花幾分鐘思考自己擁有的一切，感謝身邊的人和事物。這樣簡單的習慣，將讓你對生活充滿滿足感。

3. 健康生活方式：

實現健康的身心靈並不需要過分努力。只需確保自己保持規律作息、均衡飲食、適度運動，並遠離不良習慣。在忙碌的生活中，即使是每天花20分鐘散步、跳繩或進行深呼吸，也能為你的身心帶來顯著的改善。

4. 修身養性：

為了提升心靈境界，可以嘗試一些輕鬆的方式，如閱讀、冥想或瑜伽。每天只需花費10到15分鐘，在家裡或戶外進行這些活動，就能幫助你達到心靈富足的境地。

5. 參與社會公益活動：

積極參與社會公益活動，回饋社會。這並不需要花費大量的時間和金錢，只需抽出幾個小時參加附近的社區活動、義工活動或捐款等形式，就能為他人帶來幸福，同時也提升自己的道德品質，獲得內心的滿足與喜悅。

6. 與親朋好友分享：

與身邊的親朋好友分享自己的心得和感受，一起努力實現心靈富足。透過交流，你將發現更多與你有相同目標的人，並在這個過程中獲得支持與鼓舞。

睿朕老師重點整理：

要實現心靈富足，我們需要從現在開始重新出發，採取簡單易行的方法，輕鬆打造健康的身心靈。只要用心去實踐這些方法，你將會發現，心靈富足並不是一個遙不可及的夢想，而是一個可以觸手可及的現實。

第三節 擁抱改變，讓心靈更自由

人類最害怕的就是改變現狀。除非已經受不了，否則大多數人會選擇安逸或者是習慣原有的生活。然而，我們來到這個世界上不僅僅是為了生存，作為萬物之靈，我們更應該在這個社會留下價值。

對很多人來說，年齡、原生家庭或者現階段的時空背景讓他們覺得改變是一件非常困難的事情。但是，我們不要忽略了我們的心靈力量，因為心靈可以改變很多事情。俗話說：「心有多大，舞台就有多大。」那麼，你是否是一個能創造價值的人呢？

以下是幾個擁抱改變的方法，以幫助我們在改變中成長，讓心靈變得更自由：

1. 保持積極的心態：

　　面對改變時，保持積極和開放的心態。看到改變中的機會，而不是困難，將使你更容易去面對和擁抱改變。

2. 勇於嘗試新事物：

　　不要害怕失敗，敢於挑戰自己，嘗試新的事物和經歷。這將幫助你打破舊有的框架，讓你在改變中找到自己的價值。

3. 學習適應：

　　在面對改變時，學會適應新的環境和條件。這將使你在不同的情境中更加自如，讓心靈更自由。

4. 與他人共同成長：

　　在改變的過程中，尋求他人的支持和幫助。與他人分享經歷和感受，一起面對困難和挑戰。這將使你的心靈更加堅強，並在與他人共同成長的過程中變得更富有。

5. 自我反省：

　　在改變的過程中，定期對自己進行反省，檢視自己在不同方面的成長和進步。這將有助於我們找到自己的強項和需要改進的地方，從而在改變中不斷提升自己。

6. 樹立目標：

　　為自己設定具體、可實現的目標，並努力去實現它們。目標將引導我們在改變的過程中不斷前進，讓心靈更加堅定。

7. 給自己時間：

改變不是一蹴可幾的事情，需要時間和耐心。給自己足夠的時間去適應新的環境和挑戰，並相信自己最終會成功。

8. 保持平衡：

在擁抱改變的同時，也要注意保持生活的平衡。適當地放鬆身心，讓自己在忙碌的生活中找到休息和恢復的機會。

睿朕老師的建議：

擁抱改變是一個持續的過程，也是讓心靈變得更自由的途徑。掌握以上方法，我們將更加勇敢地面對改變，並在其中找到自己的價值和成長。只要我們願意嘗試，改變並不是那麼困難。讓我們在擁抱改變的過程中，創造出更美好的未來。

第四節　如何保持積極的心態？

在面對生活中的困難時，保持積極的心態是非常重要的。以下是幾個有效的方法，可以幫助我們在逆境中維持積極心態：

1. 保持感恩：

感恩是一種強大的力量，可以幫助我們關注生活中的美好事物。每天在睡前，回想一下當天發生的美好時刻，並為之感激。例如，感激與家人共度的美好時光，感激朋友的幫助，或感激一頓美味

的晚餐。這樣的習慣將有助於培養積極的心態。

2. 設定目標：

　　為自己設定具體、可實現的目標，這將使我們對未來充滿信心。例如，短期目標可以是在一個月內提升某項技能，而長期目標可以是在五年內實現自己的事業目標。明確的目標將使我們更有動力去追求成功。

3. 保持學習：

　　積極學習可以使我們在面對挑戰時更具自信。遇到困難時，尋求新知識，學習解決問題的方法，如此一來，我們將能以積極的心態迎接挑戰。

4. 與積極的人為伍：

　　積極的人身上散發出的正能量將感染您，幫助我們保持積極心態。嘗試與那些充滿熱情、總是看到生活中美好事物的人交往，他們的態度將激勵我們向前行。

睿朕老師的建議：

　　在生活中實踐這些方法，我們就能夠更好地保持積極的心態，並在困境中勇敢前行。當我們擁有積極的心態，生活中的挑戰將不再令人畏懼，而是變成激勵我們成長的機會。積極的心態將帶領我們走向更美好的未來，讓心靈更加富足。

第五節　自我反省的重要性

　　在追求心靈富足的過程中，自我反省是一個重要的環節。通過自我反省，我們可以更好地認識自己，糾正錯誤，並不斷提升自己。以下是幾個方法，可以幫助我們有效地進行自我反省。

1. 設定固定的反省時間：

　　每天固定一段時間進行自我反省，這將有助於養成良好的自省習慣。無論是在早晨醒來時，還是在睡前，都可以選擇一個適合自己的時段進行反省。

2. 客觀地分析自己：

　　在反省時，要保持客觀公正的態度，既不過分苛求自己，也不過分寬容。對自己的行為和思想進行冷靜分析，找出自己的優點和不足，並尋求改進。

3. 將反省的成果寫下來：

　　將自省過程中的想法和體會記錄在日記或筆記本中，可以幫助我們更清晰地看到自己的成長軌跡。同時，也能讓我們在未來回顧時，更加深刻地理解自己的變化。

4. 與他人交流：

　　和朋友、家人或同事分享自己的反省過程，可以幫助我們從不同角度看待自己。他們的觀點可能會讓我們意識到自己忽略的部分，進而有所改進。

5. 制定改進計劃：

在確定自己需要改進的地方後，制定一個具體的行動計劃。將目標細分爲可操作的步驟，並爲自己設定一個合理的期限，有助於我們更有效地實現改進。

6. 學會寬恕自己：

在自我反省的過程中，我們需要學會寬恕自己。過去的失敗和過錯不應該成爲我們前進道路上的絆腳石。寬恕自己，接受自己的不完美，可以讓我們更勇敢地面對未來的挑戰。

7. 不斷學習和成長：

自我反省是一個持續的過程。我們應該始終保持學習的心態，不斷吸收新知識，提升自己的能力。通過學習，我們將能夠在心靈成長的道路上取得更多的進步。

8. 積極行動：

自我反省的目的是爲了讓我們變得更好。因此，在反省後，我們應該付諸行動，努力改善自己的不足。積極行動將使我們的心靈更加堅定，更有信心迎接未來的挑戰。

睿朕老師的建議：

通過以上這些方法，我們將能夠更有效地進行自我反省，並在心靈成長的道路上取得更多的收穫。隨著自省能力的提升，我們將越來越接近心靈富足的境地。在這個過程中，我們將不僅僅是爲了自己而努力，更是爲了能夠爲這個世界帶來更多的正能量，讓我們的生活

充滿喜悅和幸福。

第六節　覺醒自我，勇敢追求生命中的美好

在這個多彩的人生旅程中，覺醒自我是我們成長的重要階段。這意味著不再受制於他人的期待，勇敢地展現自己的創造力，活出生命中的美好。即使原生家庭的支持並不理想，我們依然應該勇敢地去追求自己的夢想。以下幾種方式，能用幫助我們覺醒自我，締造更美好的人生：

1. 釋放內心的熱情：

在我們內心深處，總有一股熱情在燃燒。勇敢地釋放它，追求自己的興趣和熱愛，無論別人是否認可。跟隨內心的呼喚，讓生命綻放獨特的光彩。

2. 堅定自信：

相信自己的能力和價值，不讓他人的觀感左右我們的人生。堅定自信，勇敢地走出屬於自己的道路。記住，我們的價值不是由他人定義，而是由我們自己來證明。

3. 擁抱改變：

變革是生命的本質，我們要懷抱開放的心態，接受並適應改變。這樣，我們才能在逆境中茁壯成長，成為更好的自己。勇敢面對未知，把每次改變視為成長的機會。

4. 傾聽內心的聲音：

在紛繁複雜的世界中，我們需要學會傾聽自己內心的聲音。遵循內心的感覺和直覺，去實現那些對我們意義重大的事情。當我們真誠地面對自己，心靈將自然地感受到平靜與滿足。

5. 珍惜當下：

活在當下，珍惜每一個美好時光。不再為過去懊悔，不再為未來擔憂，專注於現在，充分體驗生活的點滴。用心感受每一刻的快樂與悲傷，讓生命更加豐富多彩。

6. 與他人建立良好的關係：

人生旅程中，與他人建立良好的關係同樣重要。學會傾聽、理解和支持他人，讓我們的人際關係更加和諧美滿。畢竟，我們都是社會中的一份子，相互扶持，共同成長。

7. 覺醒自我：

勇敢地追求生命中的美好，並不是一個容易的過程，但這絕對值得我們去付出努力。只要我們願意將心誠懇地面對自己的內心世界，我們就能感受到人生的光彩。在這個充滿競爭與挑戰的社會中，我們或許會受到來自各方的壓力，甚至會遭遇許多的困難與挫折，但正是在這樣的過程中，我們才能真正地認識自己，並學會如何在逆境中茁壯成長。

8. 相信自己：

無論你的原生家庭如何，無論你所處的環境如何，只要你敢於去嘗試，去挑戰，去改變，你就一定能實現自己的夢想，活出自己生

命中的美好。無需在意他人的眼光，因為每個人都是獨一無二的，我們都有自己的價值和存在的意義。所以，請勇敢地追求你的理想，不要讓任何人剝奪你提升自己的權利。

睿朕老師的建議：

讓我們攜手一起，用愛心、理解和包容的態度去面對生活中的每一個挑戰，讓我們勇敢地面對自己，堅定地走向成功。用自己的方式去影響世界，讓這個社會因為我們的存在而變得更加美好、和諧。

第七章　內外兼修：
從內在成長到外在互動的完美融合

　　在上一章節中，我們深入探討了內在力量的重要性，以及如何培養和鞏固這種力量。現在，讓我們將目光轉向如何將這種內在力量與外在世界相結合，實現生活的完美融合。

　　首先，我們需要意識到，內在力量並非孤立存在，它與外在世界是息息相關的。當我們在內心建立了堅實的基礎後，就需要學會如何將這種力量運用到日常生活中。然而，正確運用內在力量並非易事，有時候力量使用不當，即使出於好意，也可能會帶來誤會。接下來，我們將探討如何善用內在力量，讓它在社會中發揮最大的效益。

第一節　內心的力量：建立堅實的精神基礎

　　在這一章節中，我們將探討如何在充滿能量的狀態下正確運用內心的力量。真正的富足來自於我們有能力給予社會，但選對方法給予是非常重要的。在給予時，我們可能會遇到對方無法接受或立即受益的情況，但這並不意味著我們應該停止付出。因此，我們需要學會如何正確地給予，以及如何在給予時保持堅定的信念。

　　有時候，我們可能會遇到一些人或事，即使我們懷著好意去幫

助，也可能會帶來意想不到的麻煩。在這種情況下，我們可以下運用以下幾種方式：

1. 深入了解對方的需求：

在給予幫助之前，先與對方進行溝通，了解他們的真實需求，這樣可以確保我們提供的幫助是切合實際的。

2. 謙卑與同理心：

要懷著謙卑和同理心去幫助他人，尊重他們的感受和選擇，而不是企圖強行改變他們的想法或生活方式。

3. 靈活適應：

在幫助他人時，我們需要具有靈活性，適應不同的情況和需求。這意味著，我們應該隨時調整自己的策略和方法，以達到最佳效果。

4. 堅持與耐心：

幫助他人可能是一個漫長而艱難的過程。在這個過程中，我們需要保持堅持和耐心，並相信自己的努力終將取得成果。

通過遵循這些策略，我們將能夠更好地運用內心的力量，將正面的影響帶給他人，同時避免意外的困擾。最終，我們將在給予的過程中成長，實現內心力量與外在世界的完美融合。

第二節　感知外在，拓展視野

在追求眞正的快樂的過程中，我們經常聽到這樣一句話：助人爲快樂之本。事實上，從幫助別人的過程中來提升自己的確是一件非常快樂的事情。然而，如何才能眞正地幫助他人呢？要做到這一點，首先需要培養自己的敏銳度和同理心，並學會細心觀察他人的需求。以下是一些生活中的舉例：

1. 培養敏銳度與同理心

當你的朋友因爲失去親人而感到悲傷時，具有敏銳度和同理心的你會注意到他們的情緒變化，並給予適當的安慰。例如，你可以陪伴他們，聆聽他們的心聲，提供一個肩膀讓他們哭泣，而不是給予生硬的安慰語句，讓他們感到更加孤單。

2. 細心觀察他人需求

假設你的同事最近工作壓力很大，而你注意到他在午休時間獨自坐在辦公室角落，表情疲憊。你可以主動關心他，邀請他一起去吃午飯或喝杯咖啡，讓他暫時放下工作壓力。這樣的舉動能讓你的同事感受到關懷，也讓他知道他並不孤單。

3. 注意自己的心靈能量

假設你一直在努力幫助一位朋友度過難關，但是你發現自己越來越疲憊，甚至開始影響到你的工作和生活。在這種情況下，你需要意識到自己的心靈能量已經達到了極限，適時地爲自己充能，比如休息、與其他朋友交流或者尋求專業幫助。這樣一來，你才能在保持自

己心靈健康的同時，繼續為他人提供幫助。

4. 多與他人交流

　　與他人保持良好的交流是提高自己敏銳度和同理心的重要途徑。多參加社交活動，拓寬人際網絡，不僅能讓你結識更多的朋友，還可以讓你更好地了解他們的需求和困境。此外，多與他人分享自己的經歷和感受，也有助於提高他人對你的理解。

5. 學會傾聽

　　傾聽是建立同理心的基礎。在與他人交流時，保持耐心和尊重，讓對方充分表達自己的想法和情感。這樣不僅能讓對方感受到被重視，還能幫助你更深入地了解他們的需求，從而提供更合適的幫助。

6. 定期自省

　　定期反思自己的行為和情感狀態，對提高自己的敏銳度和同理心至關重要。透過自省，你可以了解自己在幫助他人過程中所遇到的困難，以及自己在面對他人需求時的反應。這有助於你更好地調整自己的態度和策略，提高幫助他人的效果。

7. 學習他人的經歷

　　通過閱讀、觀看電影或聆聽他人的故事，我們可以了解到不同的生活經歷和處境。這有助於拓寬我們的視野，提高對不同人群的理解，從而在遇到需要幫助的人時，能夠更好地為他們提供支持。

8. 認識自己的極限

　　了解自己的能力和極限是確保心靈健康的重要因素。適時地認

識到自己在幫助他人時可能遇到的困難，並在適當時候向他人尋求支持，可以避免自己陷入過度付出的陷阱。

舉例：假如你的朋友在面對感情困擾時，不斷地向你傾訴，而你在持續傾聽的過程中，發現自己的情緒受到很大影響。在這種情況下，你應該認識到自己的極限，適時建議朋友尋求專業輔導，以保護自己的心靈健康。

9. 做一個合適的幫助者

在提供幫助時，要確保自己是合適的幫助者。這意味著要根據他人的需求和自己的能力，提供適當的支持。對於一些超出自己能力範圍的問題，可以引導他人尋求專業幫助，而不是盲目地提供幫助，導致自己陷入困境。

舉例：當你的朋友遇到專業技能方面的困難時，你可以根據自己的專長提供建議和指導。但是，如果問題超出了你的能力範圍，你應該鼓勵朋友向專業人士尋求幫助，而不是隨意給出建議，可能導致更大的困擾。

睿朕老師的建議：

俗語說贈人玫瑰手留餘香，施比受更有福，我們從生活當中學習對外在環境的敏銳感及同理心，且學會在協助他人時注意保護自己的心靈能量。這將有助於我們真正靈魂的提升並讓自己的生活更加美好。

第三節　建立良好溝通：跨越隔閡，拉近距離

　　在這個科技繁榮的時代，人們似乎越來越孤立。我們每天都在忙碌地與手機和電腦互動，卻忽略了與身邊人建立真正聯繫的重要性。想像一下，在一個寒冷的冬日，你與家人朋友圍坐在火爐旁，大家相互分享彼此的心情和經歷，這種溫暖與親近是科技無法替代的。

　　我們需要重新學會如何與他人真誠地交流。當我們從心底關心對方，願意傾聽他們的故事，並在合適的時候分享自己的想法和感受，我們就能跨越隔閡，拉近距離。

　　想像一下，在某個周末的午後，你和一位多年未見的老朋友相聚在咖啡館。你們坐在窗邊，陽光透過玻璃灑在桌上。你們開始談起彼此的近況，回憶起昔日的點點滴滴。在這個過程中，你們真誠地傾聽對方的聲音，感受對方的情感，並在合適的時候給予支持和建議。這樣的相處，讓你們感受到了彼此心靈的契合。

　　溝通，並不是一門需要複雜技巧的學問。它只需要真誠的關心、耐心的傾聽和適時的表達。當我們將這些要素融入日常生活，無論是與家人、朋友還是同事的交流，都將變得更加愉快和融洽。

　　讓我們攜手努力，共同跨越隔閡，拉近距離，建立起更加美好

的人際關係。因爲在這個世界上，最寶貴的財富莫過於眞誠的友誼和親情。

要建立良好的溝通，拉近與他人的距離，我們可以運用以下幾種方法來學習實踐：

1. 放慢節奏，專注當下：

在與他人交流時，避免分心，將注意力集中在對方身上。關掉手機或將其調至靜音，專心聆聽對方的話語，並且用心感受他們的情感。

2. 開放心態，尊重差異：

每個人都有自己的觀點和經歷。在溝通時，要保持開放的心態，尊重對方的看法，即使你們之間存在分歧。嘗試站在對方的角度思考問題，這有助於增進理解和接納。

3. 問開放式問題：

與他人交流時，儘量提出開放式的問題，讓對方有機會深入地表達自己的想法和感受。這樣的對話更有助於建立眞誠的聯繫。

4. 練習同理心：

將自己置身於對方的立場，感受他們的困境和需求。同理心可以讓你更能理解對方，從而提供更有用的支持和建議。

5. 誠懇地表達自己：

在尊重對方的同時，也要勇於表達自己的觀點和感受。用眞誠、適當的方式表達自己，有助於增強彼此的信任和親密感。

6. 練習非語言溝通：

觀察對方的肢體語言和表情，同時也注意自己的非語言表達。透過眼神接觸、微笑和身體語言等方式，可以讓溝通更加有效和親切。

7. 積極回應：

在交流過程中，給予對方適時的回應，讓他們知道你在傾聽並關心他們的想法。可以用點頭、微笑或簡單的詞語來表示支持和理解

睿朕老師的建議：

人生最珍貴的寶物並非金錢，而是時間。科技雖然為我們帶來了便利，但我們也要意識到它所帶來的隱患。我們不應該讓自己淪為機器人，也不應該將所有時間都投入到追求名利上。作為一個身心靈健全的人，我們應該更加明智地運用時間，把它留給那些真正有價值的事物。

人生最寶貴的東西是與親人、朋友共度的美好時光，以及自我成長和提升的過程。我們應該學會善用時間，使生活更具意義，更加豐富。

....
第四節　擁抱差異，共創和諧

在生活中，我們不可避免地會遇到各種衝突，無論是內心的掙

扎還是與他人的分歧。在這些衝突中，如何保持中立，以及如何在身心靈上找到平衡，是一個非常值得探討的課題。在不了解自己的情況下，許多人可能會產生自卑、壓抑、憂鬱等情緒。有些人可能覺得世界上很少有人能理解自己，而有些人則可能自我意識過剩，看不起他人。

為了避免這些負面情緒及降低仇恨與紛擾，我們需要學會擁抱差異，尊重不同的文化和思維方式。俗話說：「一樣米養百樣人」，在生活中，我們總會遇到與他人意見不合、立場不同的情況。在這些時候，如何以適當的態度和方式解決問題，以達到共同理解和尊重，變得至關重要。運用以下幾個生活案例，希望能幫助大家學會在面對爭執時，放下自我的成見，共創和諧。

案例一：家庭矛盾

正向溝通： 某家庭中，父親希望兒子去上大學，但兒子卻希望休學一年去旅行。在這種情況下，他們選擇坦誠地表達自己的想法，並傾聽對方的意見。最後，父親同意兒子先去旅行，兒子承諾一年後會回來繼續學業。這樣的對話方式讓雙方都能理解對方的立場，達成共識。

無效溝通： 相反，如果父親堅持自己的看法，而兒子

也不願意傾聽父親的意見，則可能導致雙方關係惡化，甚至對家庭和諧造成破壞。

案例二：職場分歧

正向溝通： 在一個項目團隊中，兩名成員對於方案的執行方式有分歧。他們選擇彼此傾聽、尊重對方的意見，並在討論中找到折衷方案。最終，團隊成功地完成了項目，並因此過程增強了彼此的信任和合作。

無效溝通： 然而，如果雙方都堅持己見，拒絕讓步，團隊可能會陷入僵局，影響項目的進展，甚至對整個團隊的氛圍造成負面影響。

案例三：朋友間的意見不合

正向溝通： 兩位好友在計劃一次旅行時，對於行程安排有不同的看法。他們選擇坦誠地交流彼此的想法，尋求彼此都能接受的折衷方案。這樣的溝通方式加深了他們的友誼，並使他們的旅行更加愉快。

無效溝通： 如果他們僅僅堅持自己的觀點，不願意傾聽對方的想法，這可能會導致感情疏遠，甚至影響到整個旅行的體驗。

睿朕老師的建議：

透過這些案例，我們可以看到，與他人有分歧時，傾聽對方、尊重對方的立場和意見，對化解矛盾、共創和諧是非常有效的。相反，如果我們一味堅持自己的觀點，不願意傾聽和理解他人，可能會導致關係惡化，進一步加劇矛盾。因此，在面對與他人意見不合的情況時，我們應該學會放下自我，尋求共同點，共同努力創造和諧的氛圍。

第五節　從包容到和諧，由內而外達到怡然自得

在前面的章節中，我們探討了如何通過自我覺察、感知外在、建立良好溝通、擁抱差異以達到內在和外在的和諧。當我們能夠充分理解和運用這些力量時，我們將能創造出更多的能量，讓社會和諧，並使自己的生活達到怡然自得。

在這一節中，我們將探討如何將前面所學到的知識融合在一起，從內而外地實現和諧與怡然自得。

首先，我們需要明白，內在的力量與外在的力量是相互影響的。當我們能夠在內心深處找到平衡與安定時，這種積極的能量將自

然地影響到我們的外在世界。同時，當我們努力理解和包容外在的差異，並與他人共同合作時，我們也將在內心獲得成長與滿足。

要實現內外和諧，我們需要時刻保持自我覺察，並尋求成長。在面對困難與挑戰時，我們應該勇敢面對自己的不足，並努力去改變。同時，我們也要學會尊重與理解他人，並積極地與他們建立良好的關係。此外，我們需要在工作和生活中創新與合作，尋求新的可能性和機遇。當我們與他人攜手共創時，不僅可以將我們的知識和經驗相互分享，還可以促使我們在思想上和行動上不斷進步。

睿眹老師的建議：

當我們在生活中實現內外和諧，那麼美好的事物將會源源不斷地湧現。在這個旅程中，我們將會發現自己的無限潛能和力量。在面對困難和挑戰時，請記住，你並不孤單，每個人都在經歷著自己的掙扎。讓我們互相支持，互相鼓勵，一起爲了更美好的世界而努力。

相信自己，你擁有改變生活的力量。讓愛與包容照亮你的心靈，讓你的善良和正能量感染周圍的人。在這條道路上，你將會遇到志同道合的朋友，他們會與你一起成長、一起奮鬥。珍惜每一次與他人的相遇，因爲每個人都會給你帶來獨特的價值和經歷。

勇敢地走出舒適圈，敢於嘗試和挑戰。在成長的過程中，我們可能會遇到失敗和挫折，但請不要氣餒。這些經歷會使我們變得更堅

強、更成熟。當你回首過去，你會爲自己所取得的成就和突破而感到自豪。

最重要的是，要懷抱希望和信念。相信未來會更美好，相信我們可以一起創造出更加和諧、充滿愛的世界。在這個過程中，你的每一個努力都是無價的。讓我們攜手共進，將愛與善意傳遞給每個角落，讓這個世界因我們的存在而更加燦爛。

無論你身在何處，無論你是誰，請相信你的價值，相信你的力量。在這個充滿奇蹟的世界，你將發揮自己的潛能，與他人共同編織一幅美好畫卷。讓我們一起前行，朝著更加和諧、充實的人生邁進。

第八章
生肖特質與生活運用探索

　　每個生肖都有自己獨特的優點和劣勢，我們應該如何運用古人的智慧來克服劣勢，發揮優勢，讓人生更加精彩呢？

1. 鼠

優勢（Strengths）　　　　鼠年出生的人聰明、機智、靈活，具有很強的應變能力和領導才能。

劣勢（Weaknesses）　　　容易緊張、多疑，有時過於保守和計較。

機會（Opportunities）　　可以在需要機智運籌帷幄的領域中取得成功，如企業家、經理或策劃者。

威脅（Threats）　　　　　需要留意過度緊張和壓力可能對身心健康造成的影響。

2. 牛

優勢（Strengths）　　　　牛年出生的人勤奮、踏實，有很強的責任感和毅力。

劣勢（Weaknesses）　　　倔強、固執，容易與人產生磨擦。

機會（Opportunities）　　在需要長期堅持和執行力的領域中表

現出色，如建築、農業或管理。

威脅（Threats）　　　　需要注意適時放鬆，避免過度勞累對身心造成影響。

3. 虎

優勢（Strengths）　　　虎年出生的人熱情、自信、勇敢，具有很強的領導才能和創新精神。

劣勢（Weaknesses）　　易怒、沖動，有時過於自信和專橫。

機會（Opportunities）　在需要創新和領導力的領域中脫穎而出，如創業、藝術或公共事業。

威脅（Threats）　　　　需要注意與人相處，避免過於自信導致的衝突和挫敗。

4. 兔

優勢（Strengths）　　　兔年出生的人文雅、機智、富有同情心，具有很強的人際交往能力。

劣勢（Weaknesses）　　容易悲觀、過於敏感，有時過於依賴他人。

機會（Opportunities）　在需要與人互動和協調的領域中表現出色，如客戶服務、公關或心理咨詢。

威脅（Threats）　　　　需要提高自我保護意識，避免過度依

賴他人導致的失望和受傷。

5.龍

優勢（Strengths）	龍年出生的人有遠見、果敢、熱情，具有很強的創造力和領導力。
劣勢（Weaknesses）	容易驕傲、固執，有時難以接受他人的意見。
機會（Opportunities）	在需要創新和領導力的領域中取得成功，如科技、藝術或政治。
威脅（Threats）	需要學會聆聽他人意見，避免驕傲和固執導致的衝突和失敗。

6.蛇

優勢（Strengths）	蛇年出生的人機智、沉著、直覺敏銳，具有很強的洞察力和策略思維。
劣勢（Weaknesses）	容易猜忌、不安，有時過於神秘和保守。
機會（Opportunities）	在需要策略和洞察力的領域中表現優越，如金融、研究或法律。
威脅（Threats）	需要提高與人交往的能力，避免過於神秘和猜忌導致的孤立和困境。

7.馬

優勢（Strengths）	馬年出生的人熱情、樂觀、自由奔放，具有很強的溝通和適應能力。
劣勢（Weaknesses）	容易衝動、浮躁，有時缺乏耐心和恆心。
機會（Opportunities）	在需要溝通和適應力的領域中表現出色，如市場營銷、旅遊或教育。
威脅（Threats）	需要提高耐心和恆心，避免衝動和浮躁導致的失敗和後悔。

8.羊

優勢（Strengths）	羊年出生的人善良、富有同情心、創造力豐富，具有很強的藝術天分。
劣勢（Weaknesses）	容易悲觀、依賴，有時過於拖沓和消極。
機會（Opportunities）	在需要創造力和藝術才能的領域中表現出色，如設計、音樂或寫作。
威脅（Threats）	需要提高自信和獨立性，避免過度依賴他人導致的失望和受挫。

9.猴

優勢（Strengths）	猴年出生的人機智、靈活、好奇心

強，具有很強的創新和解決問題的能力。

劣勢（Weaknesses）	容易浮躁、貪玩，有時過於自信和輕率。
機會（Opportunities）	在需要創新和解決問題能力的領域中表現出色，如科技、研究或創業。
威脅（Threats）	需要學會平衡工作和娛樂，避免過度自信和輕率導致的失敗和後悔。

10. 雞

優勢（Strengths）	雞年出生的人勤奮、敏銳、有條理，具有很強的責任感和組織能力。
劣勢（Weaknesses）	容易自以為是、固執，有時過於要求完美。
機會（Opportunities）	在需要組織和管理能力的領域中表現出色，如行政、教育或策劃。
威脅（Threats）	需要學會與人協作，避免過度要求完美導致的壓力和衝突。

11. 狗

優勢（Strengths）	狗年出生的人忠誠、正直、敏感，具有很強的保護性和責任感。

劣勢（Weaknesses）	容易擔憂、多疑，有時過於敏感和情緒化。
機會（Opportunities）	在需要責任感和保護性的領域中表現出色，如警察、律師或社會工作。
威脅（Threats）	需要學會適時放鬆，避免過度擔憂和情緒化對身心健康的影響。

12. 豬

優勢（Strengths）	豬年出生的人樂觀、真誠、富有同情心，具有很強的人際交往能力。
劣勢（Weaknesses）	容易天真、放任，有時過於信任他人。
機會（Opportunities）	在需要與人互動和關懷的領域中表現出色，如醫療、教育或心理諮詢。
威脅（Threats）	需要提高警覺性，避免過度信任他人導致的失望和受騙。

第一節　生肖鼠（子）

在本節中，我們將探討生肖鼠在家庭、事業和感情方面的優缺點，以及需要注意的事項。

家庭

優點：

    1. 鼠年出生的人擅長與家人溝通，能夠維持家庭和諧。

    2. 他們重視家庭關係，對家人充滿關愛和責任感。

缺點：

    1. 鼠年出生的人有時可能過於保守和小心翼翼，不願意與家人分享自己的心事。

    2. 他們可能過於擔心家庭問題，導致自己承受過多壓力。

注意事項：

    1. 學會信任家人，多分享自己的想法和感受。

    2. 不要過度擔心家庭問題，保持積極樂觀的心態。

    3. 花更多時間陪伴家人，加強家庭凝聚力。

事業

優點：

    1. 鼠年出生的人機智、勤奮，具有很強的解決問題和應變能力。

    2. 他們有很好的團隊合作精神，能夠與同事建立良好的工作關係。

缺點：

    1. 鼠年出生的人可能缺乏決策勇氣，容易受到外界影響而改變立

場。

2. 他們可能對事業的追求過於慎重，不願意冒險。

注意事項：

1. 增強自信心，勇於在事業中追求自己的目標。

2. 學會在機會與風險之間找到平衡，靈活應對各種挑戰。

3. 不斷提升自己的專業技能，以應對不斷變化的職業環境。

感情

優點：

1. 鼠年出生的人擅長捕捉伴侶的需求，對感情投入誠實並忠誠。

2. 他們善於表達愛意，具有很好的情感交流能力。

缺點：

1. 鼠年出生的人在感情中可能過於依賴對方，容易產生擔憂和沒安全感。

2. 他們可能過於敏感，容易受傷害。

注意事項：

1. 學會在感情中保持獨立，避免過度依賴對方。

2. 建立自信，學會在感情中面對困難和獨立。

3. 保持坦誠和真誠的交流，與伴侶共同努力維持健康的感情關係。

第二節　生肖牛（丑）

在本節中，我們將探討生肖牛在家庭、事業和感情方面的優缺點，以及需要注意的事項。

家庭

優點：

1. 牛年出生的人負責任、有耐心，能夠為家庭提供穩定的支持。
2. 他們重視家庭傳統，尊敬長輩，樂於承擔家庭責任。
3. 在家庭中表現出堅定的信念和強烈的忠誠。

缺點：

1. 牛年出生的人可能過於固執，不願意接受新觀念和改變。
2. 他們有時可能表現出過度保護和控制權，導致家人壓力。
3. 在溝通上可能顯得內向，不容易表達自己的情感。

注意事項：

1. 學會放手，尊重家人的選擇和觀點，讓家人更自由地成長。
2. 嘗試接受新觀念，與家人分享不同的看法和經歷。
3. 建立良好的家庭溝通機制，勇於表達自己的情感和需求。

事業

優點：

1. 牛年出生的人勤奮、踏實，對工作充滿熱情，能夠堅持到底。

2. 他們具有很強的責任感和組織能力，是很好的團隊成員。

3. 在面對困難時表現出堅定的意志和恆心，不輕易放棄。

缺點：

1. 他們可能過於保守，不願意冒險和接受新挑戰。

2. 在工作中可能過於固執，不願意聽取他人的意見。

3. 有時可能缺乏創新精神，限制了事業的發展潛力。

注意事項：

1. 嘗試拓展視野，勇於接受新挑戰和機遇。

2. 學會聆聽他人的意見，尊重團隊合作精神。

3. 提升創新意識，尋求事業發展的新方向。

感情

優點：

1. 牛年出生的人對感情忠誠，願意爲愛情付出努力和時間。

2. 他們在感情中表現出踏實、穩重的一面，爲伴侶提供安全感。

3. 對伴侶充滿耐心，願意爲感情經營付出心血。

缺點：

1. 牛年出生的人可能在感情中表現得過於固執，不願意妥協。

2. 他們可能不太擅長表達情感，導致與伴侶的溝通困難。

3. 在感情中可能過於保守，不願意嘗試新的事物。

注意事項：

1. 學會在感情中妥協，尊重並理解伴侶的需求和觀點。

2. 提高情感交流能力，與伴侶保持坦誠的溝通。

3. 嘗試接受新的感情經歷，讓愛情保持新鮮感。

第三節　生肖虎（寅）

在本節中，我們將探討生肖虎在家庭、事業和感情方面的優缺點，以及需要注意的事項。

家庭

優點：

1. 虎年出生的人熱情、真誠，樂於與家人分享快樂。

2. 他們具有保護家庭的勇氣和決心，為家人提供安全感。

3. 具有很強的責任感，願意為家庭的幸福付出努力。

缺點：

    1.虎年出生的人可能過於自信，容易忽略家人的感受。

    2.在家庭中可能表現出過度控制和佔有欲。

    3.有時可能因為脾氣暴躁而影響家庭氛圍。

注意事項：

    1. 學會尊重家人的意見和感受，避免過度控制。

    2. 注重家庭和諧，積極解決家庭矛盾。

    3. 學會控制情緒，維持良好的家庭氛圍。

事業

優點：

    1. 虎年出生的人充滿熱情，具有很強的領導能力和執行力。

    2. 他們勇於面對挑戰，具有很好的創新能力和解決問題的能力。

    3. 有很強的自信和毅力，擅長在困境中找到機遇。

缺點：

    1. 他們可能過於自信，忽視他人的意見和建議。

    2. 在工作中容易衝動，可能不顧後果地做出決策。

    3. 有時可能缺乏耐心，對待工作過於急功近利。

注意事項：

    1. 學會聆聽他人的意見，尊重團隊合作。

    2. 做決策時保持冷靜，考慮周全後再行動。

3. 增強耐心，謹慎應對工作中的挑戰和困難。

感情

優點：

1. 虎年出生的人在感情中充滿激情，對伴侶忠誠。

2. 他們具有很強的吸引力，能夠很好地與伴侶保持情感連接。

3. 在感情中充滿創意，願意爲愛情創造新鮮的驚喜和回憶。

缺點：

1. 虎年出生的人可能在感情中表現出過度佔有和控制。

2. 他們可能不太擅長表達自己的感情，導致與伴侶的溝通不足。

3. 在感情中容易衝動，可能在矛盾中做出後悔的決定。

注意事項：

1. 學會尊重伴侶的自由和獨立，避免過度佔有和控制。

2. 提高情感交流能力，與伴侶保持坦誠的溝通。

3. 在感情矛盾中保持冷靜，不要因一時的衝動而做出後悔的決定。

第四節　生肖兔（卯）

在本節中，我們將探討生肖兔在家庭、事業和感情方面的優缺

點，以及需要注意的事項。

家庭

優點：

1. 兔年出生的人善良、和諧，樂於維護家庭和睦。
2. 他們具有很強的同情心和理解力，願意聆聽家人的想法和需求。
3. 在家庭中表現出負責任和關愛的一面，對家人充滿關懷。

缺點：

1. 兔年出生的人可能過於敏感，容易受到家庭矛盾的影響。
2. 他們可能在家庭中表現出依賴性，過度依賴家人的支持。
3. 在面對家庭問題時，可能缺乏果斷和主動解決問題的能力。

注意事項：

1. 學會在家庭中保持獨立，減少過度依賴家人的壓力。
2. 提高心理承受能力，學會面對家庭矛盾和困難。
3. 增強解決家庭問題的能力，主動承擔家庭責任。

事業

優點：

1. 兔年出生的人具有很強的適應力和人際交往能力，能夠在職場

中建立良好的人際關係。

2. 他們富有創意和想像力，能夠在工作中找到新的解決方案。

3. 在團隊合作中表現出融洽的風格，擅長協調和協作。

缺點：

1. 他們可能過於謹慎，不願意冒險和面對挑戰。

2. 在事業發展中可能缺乏果斷和自信，影響職業成就。

3. 有時過於依賴他人，缺乏獨立解決問題的能力。

注意事項：

1. 增強自信心，勇於在事業中追求自己的目標和願望。

2. 學會在機會與風險之間找到平衡，靈活應對各種挑戰。

3. 提高獨立思考和解決問題的能力，不過度依賴他人。

感情

優點：

1. 兔年出生的人在感情中表現出溫柔、體貼的一面，能夠為伴侶提供安心的陪伴。

2. 他們具有很強的同情心和理解力，能夠理解伴侶的需求和感受。

3. 在感情中重視浪漫與細膩，願意為愛情創造美好的回憶。

缺點：

1. 兔年出生的人可能在感情中表現出過度敏感和多愁善感，容易

受到情緒波動的影響。

2. 他們可能不太擅長表達自己的感情，導致與伴侶的溝通不足。

3. 在感情中可能過於依賴伴侶，影響彼此的獨立和個性發展。

注意事項：

1. 學會控制情緒，避免過度敏感影響感情的穩定。

2. 提高情感交流能力，與伴侶保持坦誠的溝通。

3. 在感情中保持獨立，尊重彼此的自由和個性發展。

第五節　生肖龍（辰）

在本節中，我們將探討生肖龍在家庭、事業和感情方面的優缺點，以及需要注意的事項。

家庭

優點：

1. 龍年出生的人有很強的責任感，願意為家庭的幸福付出努力。

2. 他們具有很強的保護家庭的勇氣和決心，為家人提供安全感。

3. 在家庭中表現出慷慨大方，樂於幫助和支持家人。

缺點：

1. 龍年出生的人可能在家庭中表現出過度自信和控制欲。

2. 他們可能不太擅長表達情感，與家人的溝通可能有所不足。

3. 在家庭問題上，可能容易堅持己見，不願意妥協。

注意事項：

1. 學會尊重家人的意見和感受，避免過度控制。

2. 注重家庭和諧，積極解決家庭矛盾。

3. 與家人保持良好的溝通，學會妥協和理解。

事業

優點：

1. 龍年出生的人充滿自信，具有很強的領導能力和創新精神。

2. 他們勇於面對挑戰，具有很好的解決問題的能力。

3. 在工作中，他們有很強的執行力和毅力，能夠克服困難。

缺點：

1. 他們可能過於自信，忽視他人的意見和建議。

2. 在工作中可能表現出過度自信和固執，不易接受批評。

3. 有時可能缺乏耐心和細心，對待工作過於急功近利。

注意事項：

1. 學會聆聽他人的意見，尊重團隊合作。

2. 虛心接受批評，並從中學習和成長。

3. 增強耐心和細心，確保工作的質量和效果。

感情

優點：

1. 龍年出生的人在感情中充滿激情，對伴侶忠誠。

2. 他們具有很強的吸引力，能夠與伴侶保持深厚的情感連接。

3. 在感情中表現出獨立和自信的一面，讓伴侶感到安心和自豪。

缺點：

1. 龍年出生的人可能在感情中表現出過度自信和控制欲。

2. 他們可能不太擅長表達情感，導致與伴侶的溝通不足。

3. 在感情中可能過於執著和固執，不願意妥協和變通。

注意事項：

1. 學會尊重伴侶的意見和感受，避免過度控制。

2. 與伴侶保持坦誠的溝通，學會表達自己的感情。

3. 在感情中保持彈性，學會妥協和變通，共同成長。

第六節　生肖蛇（巳）

在本節中，我們將探討生肖蛇在家庭、事業和感情方面的優缺點，以及需要注意的事項。

家庭

優點：

1. 蛇年出生的人在家庭中表現出成熟、穩重的一面，能夠為家人提供安全感。
2. 他們具有很強的洞察力，能夠理解家人的需求和感受。
3. 在家庭中表現出善解人意，願意與家人分享知識和經驗。

缺點：

1. 蛇年出生的人可能在家庭中表現出神秘和冷漠的一面。
2. 他們可能在家庭關係中過於小心謹慎，不願意完全敞開心扉。
3. 在家庭矛盾中，可能顯得過於圓滑，缺乏坦誠的溝通。

注意事項：

1. 與家人保持坦誠的溝通，努力維護家庭和諧。
2. 學會分享自己的想法和感受，增進家人之間的理解。
3. 在家庭問題上，採取積極主動的態度，共同解決問題。

事業

優點：

1. 蛇年出生的人具有很強的智慧和策略思維，能夠在職場中脫穎而出。
2. 他們在工作中充滿耐心和毅力，能夠堅持到底。

3. 擅長抓住機會，具有很強的應變能力和決策力。

缺點：

1. 他們可能過於謹慎，不願意冒險和創新。

2. 在職場中可能顯得過於神秘，與同事的交流不夠開放。

3. 有時可能過分追求成功，導致忽略了與他人的合作和關係。

注意事項：

1. 增強與同事的交流和合作，創造良好的工作氛圍。

2. 鼓勵自己在工作中勇於創新和嘗試，克服對風險的恐懼。

3. 保持職業道德，確保成功的基礎是公平和正直。

感情

優點：

1. 蛇年出生的人在感情中充滿魅力和吸引力，能夠與伴侶保持深厚的情感連接。

2. 他們在感情中表現出成熟、理智的一面，能夠給予伴侶安全感。

3. 在感情中善於洞察伴侶的需求，願意為愛情付出時間和精力。

缺點：

1. 蛇年出生的人可能在感情中表現出過度神秘和矜持，與伴侶的交流不足。

2. 他們可能在感情中過於小心謹慎，不願意完全敞開心扉。

3. 在感情中可能容易產生嫉妒心，對伴侶過於控制和懷疑。

注意事項：

1. 與伴侶保持坦誠的溝通，努力增進彼此的理解和信任。

2. 學會分享自己的想法和感受，讓感情更加緊密和深入。

3. 克服嫉妒心，學會信任和尊重伴侶，共同經營美好的愛情。

第七節　生肖馬（午）

在本節中，我們將探討生肖馬在家庭、事業和感情方面的優缺點，以及需要注意的事項。

家庭

優點：

1. 馬年出生的人在家庭中表現出活潑、開朗的一面，能夠爲家庭帶來歡樂和活力。

2. 他們具有很強的獨立性和自尊心，願意爲家庭擔當重任。

3. 在家庭中樂於助人，願意爲家人提供支持和幫助。

缺點：

1. 馬年出生的人可能在家庭中表現出過度自由和不受約束的一面，可能忽略家庭的眞正需求。

2. 他們可能過於衝動和浮躁，容易與家人產生矛盾。

3. 在家庭問題上，可能顯得不夠沉穩和考慮周到。

注意事項：

1. 要學會平衡自由與家庭責任，更加重視家庭生活。

2. 注重家庭和諧，學會控制情緒，避免與家人產生不必要的矛盾。

3. 在家庭問題上要冷靜思考，做出明智的決策。

事業

優點：

1. 馬年出生的人具有很強的創新能力和實現目標的決心，能夠在事業上取得成功。

2. 他們善於抓住機遇，具有敏銳的市場觸覺和商業智慧。

3. 在工作中充滿熱情和活力，能夠激發團隊士氣。

缺點：

1. 他們可能過於衝動和浮躁，不願意在細節上花時間和精力。

2. 在職場中可能顯得過於自信和自負，不易接受他人的意見和建議。

3. 有時容易受到外界的影響，對待工作缺乏持久性和耐心。

注意事項：

1. 提高對細節的重視，確保工作的質量和效果。

2. 虛心聆聽他人的意見，與同事保持良好的合作關係。

3. 增強耐心和毅力，確保事業的持續發展。

感情

優點：

1. 馬年出生的人在感情方面表現出熱情和浪漫的一面，能夠給予伴侶充分的關注和愛。

2. 他們善於溝通和表達感情，能夠創造浪漫和有趣的氛圍。

3. 在感情中願意付出和犧牲，願意爲伴侶付出努力和時間。

缺點：

1. 馬年出生的人可能過於衝動和浮躁，容易受到外界誘惑和干擾。

2. 他們可能對感情過於自信和自負，忽略了伴侶的感受和需求。

3. 在感情中可能表現出善變和不穩定的一面，容易造成伴侶的不安和疑惑。

注意事項：

1. 要學會控制情感，避免對感情的衝動和浮躁。

2. 更加關注伴侶的感受和需求，注重彼此的溝通和理解。

3. 在感情中要保持穩定和承諾，對待感情要認眞和負責。

第八節　生肖羊（未）

在本節中，我們將探討生肖羊在家庭、事業和感情方面的優缺點，以及需要注意的事項。

家庭

優點：

1. 羊年出生的人通常非常善良、敏感和體貼，能夠為家人創造一個溫馨和諧的家庭氛圍。
2. 他們喜歡關心家人，願意花時間和精力照顧他們的需求和感受。
3. 在家庭中，羊年出生的人通常非常有耐心和包容心，能夠平衡家庭成員之間的矛盾和衝突。

缺點：

1. 羊年出生的人有時可能過度敏感，容易受到負面情緒和壓力的影響，產生情緒波動。
2. 他們有時可能過於依賴家人，缺乏獨立性和自主能力。
3. 羊年出生的人可能過於優柔寡斷，不善於做出決策和負責任的行動。

注意事項：

1. 學會控制情緒，避免情緒波動過大，對家庭成員產生負面影響。

2. 提高獨立性和自主能力，學會承擔家庭責任。

3. 要學會果斷和負責任，及時解決家庭中的問題和衝突。

事業

優點：

1. 羊年出生的人通常具有豐富的創意和想像力，能夠為事業帶來新的思路和發展方向。

2. 他們喜歡和諧的工作環境，能夠與同事和睦相處，促進團隊合作。

3. 羊年出生的人通常有較強的人際交往能力，能夠與客戶、上司和同事建立良好的關係。

缺點：

1. 羊年出生的人有時可能過於優柔寡斷，不善於做出果斷的決策和行動。

2. 他們有時可能過於依賴他人，缺乏自主能力和自信心。

3. 羊年出生的人有時可能過於感性和情緒化，對於工作中的挑戰和困難有時會感到無助和沮喪。

注意事項：

1. 學會果斷和負責任，做出適時的決策和行動。

2. 提高自主能力和自信心，積極主動地參與工作和決策。

3. 控制情緒，將情感投入到工作中，並且學會解決問題和面對挑

戰。

感情

優點：

1. 羊年出生的人通常非常溫柔、浪漫和關心，能夠爲伴侶帶來溫馨和幸福的感受。

2. 他們非常重視感情和家庭，願意爲伴侶和家庭付出努力和時間。

3. 羊年出生的人通常善於溝通和表達感情，能夠創造浪漫和有趣的情感生活。

缺點：

1. 羊年出生的人有時可能過度情感化，對於感情過於敏感，容易產生情緒波動。

2. 他們有時可能過於依賴伴侶，缺乏獨立性和自主能力。

3. 羊年出生的人有時可能過於膽小和害羞，不善於表達自己的想法和需求。

注意事項：

1. 學會控制情緒，避免情緒波動過大，對伴侶產生負面影響。

2. 提高獨立性和自主能力，不要過度依賴伴侶。

3. 學會表達自己的想法和需求，增強自信心和勇氣，積極維護自己的感情權益。

第九節　生肖猴（申）

在本節中，我們將探討生肖猴在家庭、事業和感情方面的優缺點，以及需要注意的事項。

家庭

優點：

1. 猴年出生的人通常聰明、機智、活潑，能夠爲家庭帶來歡樂和活力。
2. 他們善於溝通和解決問題，能夠促進家庭成員之間的和諧相處。
3. 在家庭中，猴年出生的人通常非常有創意，能夠爲家庭帶來新的點子和發展方向。

缺點：

1. 猴年出生的人有時可能過於聰明和機智，容易顯得自我中心和自負。
2. 他們有時可能過於好動和冒險，忽略了家庭的責任和需要。
3. 猴年出生的人有時可能缺乏耐心和持久性，容易對家庭事務感到無聊和不感興趣。

注意事項：

1. 提高對家庭責任的認識和重視，不要過度追求個人的興趣和需

要。

2. 學會冷靜和客觀地處理家庭中的問題和衝突，避免將情緒和個人意見帶入其中。

3. 提高耐心和持久性，對家庭事務和家庭成員的需求給予足夠的關注和重視。

事業

優點：

1. 猴年出生的人通常具有豐富的創意和靈活的思維，能夠為事業帶來新的發展方向和思路。

2. 他們善於把握機遇，有良好的市場觸覺和商業智慧。

3. 猴年出生的人通常有較強的自信心和行動力，能夠在事業中不斷挑戰和突破自己。

缺點：

1. 猴年出生的人有時可能過於冒險和衝動，不善於考慮風險和成本。

2. 他們有時可能過於自信和自負，容易忽略他人的意見和建議。

3. 猴年出生的人有時可能缺乏耐心和持久性，容易對長期的目標和計劃感到無聊和不感興趣。

注意事項：

1. 提高風險意識和成本意識，對事業中的決策和行動進行充分的

考慮和評估。

2. 學會聆聽他人的意見和建議，與同事和睦相處，建立良好的合作關係。

3. 提高耐心和持久性，對長期目標和計劃給予足夠的關注和重視。

感情

優點：

1. 猴年出生的人通常聰明、機智、幽默，能夠給伴侶帶來歡樂和愉悅的感覺。

2. 他們善於溝通和表達，能夠建立良好的感情基礎，促進感情的穩定和發展。

3. 猴年出生的人通常非常有創意，能夠為感情生活帶來新的驚喜和趣味。

缺點：

1. 猴年出生的人有時可能過於聰明和機智，容易顯得冷漠和不夠真誠。

2. 他們有時可能過於好動和冒險，對於感情的穩定和長期發展缺乏足夠的耐心和持久性。

3. 猴年出生的人有時可能過於自負和自信，對伴侶的需求和意見缺乏足夠的關注和重視。

注意事項：

1. 提高對伴侶的關注和重視，不要過於自我中心和自負。

2. 學會耐心和持久性，對感情的穩定和長期發展給予足夠的關注和重視。

3. 學會眞誠和誠信，避免對伴侶產生誤解和不信任。

第十節　生肖雞（酉）

　　在本節中，我們將探討生肖雞在家庭、事業和感情方面的優缺點，以及需要注意的事項。

家庭

優點：

1. 雞年出生的人通常認眞、負責、勤勞，能夠爲家庭帶來穩定和安全感。

2. 他們重視家庭和親情，願意爲家庭付出努力和時間。

3. 在家庭中，雞年出生的人通常細心、周到，能夠有效地照顧家人的需求和生活。

缺點：

1. 雞年出生的人有時可能過於嚴格和固執，對家庭成員的要求過

高，容易引起矛盾和摩擦。

2. 他們有時可能過於注重家庭和責任，忽略了個人的需求和追求。

3. 雞年出生的人有時可能缺乏彈性和變通，對於家庭問題和變化缺乏足夠的應對能力。

注意事項：

1. 學會寬容和理解，尊重家庭成員的需求和差異。

2. 不要過度追求完美和嚴格要求，學會放鬆和娛樂自己。

3. 增強彈性和變通能力，對家庭問題和變化給予足夠的應對能力。

事業

優點：

1. 雞年出生的人通常認真、負責、勤勞，能夠在工作中表現出穩定和可靠的一面。

2. 他們善於分析和解決問題，具有良好的策略和決策能力。

3. 在工作中，雞年出生的人通常有強烈的目標意識和達成目標的毅力，能夠在工作中持續努力和突破自己。

缺點：

1. 雞年出生的人有時可能過於嚴格和固執，不善於接受新的思想和方式。

2. 他們有時可能過於注重細節，缺乏整體思維和創新能力。

3. 雞年出生的人有時可能過於慎重和保守，缺乏冒險和創新的精神。

注意事項：

1. 學會接受新思想和方式，不要過於固執和死板。

2. 提高整體思維和創新能力，發掘新的商機和發展方向。

3. 增強冒險和創新精神，對於工作中的挑戰和風險保持適度的勇氣和信心。

感情

優點：

1. 雞年出生的人通常認真、忠誠、負責，能夠在感情中帶來穩定和安全感。

2. 他們善於傾聽和溝通，能夠與伴侶建立良好的感情基礎和互信關係。

3. 在感情中，雞年出生的人通常細心、周到，能夠有效地照顧伴侶的需求和生活。

缺點：

1. 雞年出生的人有時可能過於嚴格和固執，對感情的要求和期望過高，容易造成緊張和矛盾。

2. 他們有時可能過於注重安全感和穩定性，忽略了感情的浪漫和

情趣。

3. 雞年出生的人有時可能缺乏彈性和變通，對於伴侶的需求和變化缺乏足夠的應對能力。

注意事項：

1. 學會寬容和理解，尊重伴侶的需求和差異。

2. 不要過度追求完美和嚴格要求，學會放鬆和享受感情生活。

3. 增強彈性和變通能力，對伴侶的需求和變化給予足夠的應對能力。

第十一節　生肖狗（戌）

在本節中，我們將探討生肖狗在家庭、事業和感情方面的優缺點，以及需要注意的事項。

家庭

優點：

1. 狗年出生的人通常誠實、可靠、負責，能夠為家庭帶來穩定和安全感。

2. 他們重視家庭和親情，願意為家庭付出努力和時間。

3. 在家庭中，狗年出生的人通常細心、周到，能夠有效地照顧家

人的需求和生活。

缺點：

1. 狗年出生的人有時可能過於固執和保守，對家庭成員的要求過高，容易引起矛盾和摩擦。

2. 他們有時可能過於焦慮和憂慮，對家庭問題和變化缺乏足夠的應對能力。

3. 狗年出生的人有時可能過於挑剔和吹毛求疵，容易引起家庭成員的不滿和反感。

注意事項：

1. 學會寬容和理解，尊重家庭成員的需求和差異。

2. 增強應對變化和挑戰的能力，對家庭問題和變化給予足夠的應對能力。

3. 學會放鬆和享受家庭生活，不要過度追求完美和挑剔。

事業

優點：

1. 狗年出生的人通常誠實、可靠、勤奮，能夠在工作中表現出穩定和可靠的一面。

2. 他們善於分析和解決問題，具有良好的判斷力和決策能力。

3. 在工作中，狗年出生的人通常有強烈的責任感和服務意識，能夠在工作中持續努力和突破自己。

缺點：

1. 狗年出生的人有時可能過於固執和保守，對於新思想和方式缺乏開放和接受的態度。

2. 他們有時可能過於注重細節，缺乏整體思維和創新能力。

3. 狗年出生的人有時可能缺乏自信和冒險精神，對於風險和挑戰缺乏足夠的勇氣和信心。

注意事項：

1. 學會開放和接受新思想和方式，增強創新和整體思維能力。

2. 不要過度注重細節和小節，注重整體和大局。

3. 增強自信和冒險精神，對風險和挑戰保持適度的勇氣和信心。

感情

優點：

1. 狗年出生的人通常忠誠、真誠、負責，能夠在感情中帶來穩定和安全感。

2. 他們重視感情和親情，願意為伴侶付出努力和時間。

3. 在感情中，狗年出生的人通常細心、體貼，能夠有效地照顧伴侶的需求和生活。

缺點：

1. 狗年出生的人有時可能過於固執和保守，對感情的要求和期望過高，容易造成緊張和矛盾。

2. 他們有時可能過於焦慮和憂慮,對感情問題和變化缺乏足夠的
   應對能力。

3. 狗年出生的人有時可能過於挑剔和吹毛求疵,容易引起伴侶的
   不滿和反感。

注意事項:

1. 學會寬容和理解,尊重伴侶的需求和差異。

2. 增強應對變化和挑戰的能力,對感情問題和變化給予足夠的應
   對能力。

3. 學會放鬆和享受感情生活,不要過度追求完美和挑剔。

第十二節　生肖豬(亥)

　　在本節中,我們將探討生肖豬在家庭、事業和感情方面的優缺
點,以及需要注意的事項。

家庭

優點:

1. 豬年出生的人通常心地善良、真誠、溫暖,能夠為家庭帶來溫
   馨和幸福感。

2. 他們重視家庭和親情,願意為家庭成員付出努力和時間。

3. 在家庭中，豬年出生的人通常細心、周到，能夠有效地照顧家人的需求和生活。

缺點：

1. 豬年出生的人有時可能過於懶散和安逸，對家庭成員的要求過低，容易引起疏忽和冷落。

2. 他們有時可能過於固執和執著，對於家庭問題和變化缺乏足夠的應對能力。

3. 豬年出生的人有時可能過於憂慮和消極，對家庭成員的健康和幸福感到擔心和焦慮。

注意事項：

1. 學會主動和積極地付出和關心家庭成員，不要過度依賴他人。

2. 增強應對變化和挑戰的能力，對家庭問題和變化給予足夠的應對能力。

3. 學會放鬆和享受家庭生活，不要過度擔心和憂慮。

事業

優點：

1. 豬年出生的人通常誠實、踏實、勤勉，能夠在工作中表現出穩定和可靠的一面。

2. 他們有良好的職業道德和責任感，對工作充滿熱情和投入。

3. 在工作中，豬年出生的人通常細心、耐心，能夠有效地處理問

題和挑戰。

缺點：

1. 豬年出生的人有時可能過於慢吞吞和消極，對於新思想和方式缺乏開放和接受的態度。

2. 他們有時可能過於固執和執著，對於問題和挑戰缺乏足夠的靈活性和變通能力。

3. 豬年出生的人有時可能過於注重細節和小節，缺乏整體思維和創新能力。

注意事項：

1. 學會開放和接受新思想和方式，增強創新和整體思維能力。

2. 增強靈活性和變通能力，對於問題和挑戰給予足夠的應對能力。

3. 不要過度注重細節和小節，注重整體和大局。

感情

優點：

1. 豬年出生的人通常真誠、純潔、溫柔，能夠在感情中帶來溫馨和幸福感。

2. 他們重視感情和親情，願意為伴侶付出努力和時間。

3. 在感情中，豬年出生的人通常細心、體貼，能夠有效地照顧伴侶的需求和生活。

缺點：

1. 豬年出生的人有時可能過於慢熱和保守，對感情的發展和變化缺乏足夠的敏銳度和應對能力。

2. 他們有時可能過於依賴和黏人，對伴侶的要求和期望過高，容易造成負擔和矛盾。

3. 豬年出生的人有時可能過於憂慮和擔心，對感情問題和變化缺乏足夠的信心和勇氣。

注意事項：

1. 學會主動和積極地付出和關心伴侶，不要過度依賴他人。

2. 增強敏銳度和應對能力，對感情問題和變化給予足夠的應對能力。

3. 學會放鬆和享受感情生活，增強信心和勇氣。

總結

十二生肖是中華傳統文化的重要元素，它代表了人類智慧和文化傳承的精髓。每個生肖都具有獨特的性格特徵和優缺點，而了解自己的生肖可以幫助我們更好地認識自己和他人，從而實現自我提升和成長。

每個人都有自己獨特的優缺點，而生肖可以讓我們更清楚地認識自己的優勢和劣勢。因此，我們應以開放和積極的態度去面對自己

的優缺點，並尋找適合自己的發展方向，從而實現自我提升和成長。

　　了解自己的生肖特質，也可以幫助我們更好地與他人相處。我們應該尊重和包容他人的優點和缺點，從而建立良好的人際關係。此外，生肖也可以幫助我們更好地適應社會環境，從而實現在職場和社會生活中的成功。

　　然而，實現自我提升和成長並不是一件容易的事情，我們需要持續地努力和反思。卽使在遇到挫折和困難時，我們也應該以積極和進取的態度去面對，從而實現自我提升和成長，讓自己的人生達到更高的境界。

　　最終，讓我們保持謙遜、開放和進取的態度，藉由對生肖的研究，去了解自己和他人，發掘自己的潛力，從而實現個人和社會的雙重成功。

第九章
姓名與人生

在前幾章節我們明白了五行對我們生活當中的影響，接下來讓我們來談談名字的力量，姓名學，又稱爲命名學或姓名命理學，是一門研究名字與人生命運關係的學問。在中華傳統文化中，人們普遍認爲名字能夠影響到一個人的命運和運勢。這是因爲名字所具有的五行屬性、字義、字型，與生辰八字相互作用，產生不同的命運結果。

自古以來，名字一直是人類社會中不可或缺的元素。從古至今，無論在東方還是西方，名字都具有深厚的文化意義，反映了家族、地域和時代的特徵。究竟爲什麼名字對我們這麼重要呢？接下來，讓我們從生活中的幾個方面來探討名字的重要性。

1. 身份識別：

名字是我們與他人交流時最直接的身份標誌。當您在朋友聚會上相互自我介紹時，名字總是最先被提及的。在無數的人群中，名字成爲了我們獨一無二的識別標誌，讓我們彼此之間建立聯繫和認識。

2. 文化傳承：

名字蘊含著豐富的文化信息。它們可能來自於古代神話、歷史

故事、詩詞歌賦，也可能體現出家族的願景和期待。這些名字在代代相傳的過程中，承載了文化的記憶，成為了一個民族歷史的載體。

3. 寓意和象徵：

名字往往承載著父母對孩子的期許和祝福。一個具有美好寓意的名字，可以讓人在成長過程中不斷地接受正能量的滋養，助力他們茁壯成長。此外，名字中的字形和字義也可能產生一定的心理暗示作用，影響著一個人的性格和行為。

4. 姓名學的影響：

人們相信名字能夠影響到命運和運勢。通過對八字和五行的分析，選擇一個適合的名字，有助於提升個人的運勢，甚至改變命運。現代社會科學進步，已經有非常多的國家研究發現姓名對人的一生運勢是有影響的，使得名字在文化中變得更加重要。

5. 社交和人際關係：

名字在日常生活中的社交場合扮演著關鍵角色。當我們記住他人的名字並在交流中使用時，會顯得尊重對方，並有助於建立良好的人際關係。相反，忘記或錯誤地稱呼他人的名字，可能會引起對方的不滿和反感。因此，重視名字也意味著重視與他人的關係。

總結起來，名字對我們如此重要的原因有很多。它既是我們身

份的象徵，又是文化傳承和寓意的載體。同時，名字在社交和人際關係中起著重要作用，還可能影響到命運和運勢。因此，我們應該珍惜自己的名字，並尊重他人的名字，以此來維護和諧的社會氛圍。

第一節　好名字的魅力與影響

　　你有沒有過這樣的經歷？有些事情你理解得很清楚，但就是無法成功地付諸實踐。這其中，你的名字可能是一個不可忽視的原因。當名字設定不恰當時，就像輸入錯誤代碼的電腦，會吸引來錯誤的人事物，導致生活中的種種問題。那麼，一個好的名字又能帶給我們什麼呢？你是否曾經想過，名字這麼普通的東西，竟然可以左右我們的命運？一個好名字就像一把開啟幸福生活的鑰匙，讓我們在人生道路上充滿信心地前行。現在，讓我們一起來探究名字的重要性，並了解它將能為我們的命運帶來哪些改變。

1. 能量轉化：

　　名字中隱含的美好寓意能激發我們內在的正能量，讓我們在面對困難時始終保持樂觀並充滿信心。一個好名字就像人生的指南針，讓我們在茫茫人生中總能找到方向。

2. 提升自我形象：

　　擁有一個獨特且具吸引力的名字，不僅讓我們在人群中脫穎而

出，還能提升我們的自我形象。當我們有了好名字，就更有自信地展現自己，享受生活的點點滴滴。

3. 建立良好人際關係：

一個好名字有助於讓人留下深刻印象，更容易擴展人脈，建立穩固的人際關係。當我們的名字受到他人喜愛，就更容易與他人建立良好的關係，共創美好未來。

4. 提升運勢，改變命運：

根據姓名學，選擇一個和諧且適合的名字，可以爲我們帶來更好的運勢，使生活、事業和家庭更加順遂。改變名字，就像翻開人生新的篇章，讓命運重新編排。

5. 心理建設和激勵：

名字對我們的心理產生暗示作用，影響著我們的性格和行爲。一個具有積極寓意的名字會激勵我們勇敢面對挑戰，擁抱變化，並堅定地走自己的人生道路。

6. 影響心態與行為：

名字不僅能影響我們的心態，還會對我們的行爲產生作用。當我們擁有一個正面且具有積極意義的名字時，我們更有可能朝著理想的方向努力。

7. 創造獨特個性：

一個具有獨特性的名字可以幫助我們在眾多人群中脫穎而出，彰顯出我們的獨特個性。這對於提升個人魅力和形成獨特的社會認同感具有重要意義。

8. 傳承文化：

名字是文化的載體，通過名字，我們可以將家族和民族的文化傳承下去。一個具有文化底蘊的名字，不僅讓我們深入了解自己的根源，也讓我們在全球化的大背景下，保持獨特的文化特色。

9. 成就事業：

事業成功很大程度上取決於我們的名字。一個好名字可以讓我們在職場上更容易獲得成功，事業發展一帆風順。尤其是在商業競爭激烈的現代社會，一個好名字更是助你勝人一籌的法寶。

10. 營造家庭和睦：

一個好的名字有助於營造家庭和睦的氛圍。當家庭成員的名字和諧且富有美好寓意時，家庭成員之間更容易相互理解和支持，共同度過生活中的種種挑戰。

睿朕老師的建議：

一個好名字確實就像是人生的利器，它能助你在這場命運的戰鬥中取得勝利。因此，珍惜自己的名字，從現在開始，讓它成為改變命運的鑰匙。千萬不要忽視名字的重要性。如果你已經努力了，但成果仍未達到預期，建議你可以在名字方面進行探索。

嘗試了解名字背後的含義和寓意，你或許能從中獲得新的啟示和靈感。或許可以尋求專業的姓名學家幫助，他們可以通過分析你的名字，為你提供有關如何選擇更合適名字的建議。這樣，你將能在名字的指引下，更加順利地實現自己的目標和願望。

改變名字或許是你所需要的轉機，讓你在生活和事業上獲得更多的成功和滿足。從名字出發，重新審視自己的人生，也許能找到那把打開命運之門的金鑰匙。

第二節　如何定義一個好名字？

　　一個好名字的定義因人而異，但通常應該符合以下幾個標準：

1. 符合五行平衡：

　　根據姓名學，名字應該和個人的生肖、八字、伴侶、子女相匹配，使五行達到平衡。一個好名字能夠彌補八字中五行的不足，從而提高個人的運勢。

2. 寓意美好：

　　名字中的字義應具有積極、正面的寓意，這樣才能為個人帶來好運，並激發內在的正能量。

3. 音韻悅耳：

　　名字的發音應該和諧、悅耳，這樣才能讓人印象深刻，並為個人建立良好的形象。

4. 獨特性：

　　一個好名字應具有一定的獨特性，使個人在眾多人群中脫穎而出，並提升個人魅力。

5. 書寫方便：

名字應該易於書寫，無需過於繁複的筆劃。這樣，無論是在日常生活還是在工作場合，都能讓人更方便地書寫和記住。

6. 諧音避忌：

避免使用可能引起誤會或者負面聯想的諧音字，以免帶來不必要的困擾。

7. 考慮名字的長度：

名字的長度應該適中，既不要過長也不要過短。過長的名字可能讓人覺得冗長，而過短的名字則可能顯得過於簡單。選擇適中長度的名字有助於在印象中達到平衡。

8. 保持與姓氏的協調：

名字應與姓氏相協調，使得整個名字的節奏和諧。選擇與姓氏相搭配的名字可以增加名字的吸引力，並使其更具個性。

9. 遵循當地規範：

不同地區可能有不同的命名規範和習俗，因此在選擇名字時，要遵循當地的規範，以免引起不必要的困惑和誤解。

10. 預防未來的困擾：

考慮名字在不同語境和文化中的含義，以免在未來出現意想不到的困擾。例如，有些名字在一個語言中可能具有美好的寓意，但在另一個語言中卻可能含有貶義。

在確保名字符合個人需求和環境因素的基礎上，我們還可以進

一步探討名字在人生各方面的影響，例如事業、愛情和健康等：

1. 事業方面：

　　一個適合自己的名字可以帶來積極的職場能量，讓您在事業上取得成功。當名字與您的五行相匹配時，您將在工作中表現出更強的自信和魅力，吸引正面的機遇和人脈。

2. 愛情方面：

　　名字對伴侶和家庭關係的影響也不容忽視。一個好名字可以促進您與伴侶之間的和諧相處，增加彼此的吸引力和默契。同時，將子女的名字與家庭環境相搭配，可以促進家庭成員之間的情感聯繫。

3. 健康方面：

　　名字的五行屬性與個人的生命力息息相關。選擇一個與自己五行相匹配的名字，可以為我們帶來良好的健康運勢，使您更加注重健康和生活品質。

4. 心靈成長：

　　一個具有深刻寓意的名字可以激發您內在的潛能，幫助您在心靈成長方面取得突破。名字所蘊含的智慧和力量將鼓勵您不斷挑戰自己，成為更好的人。

睿朕老師的建議：

　　選擇一個好名字是一個全面且講究的過程，它不僅要滿足個人的需求，還需兼顧周圍的環境因素。在此過程中，家庭、伴侶和子女等方面都是不容忽視的重要環節。最終，當您選擇到一個適合自己的

名字時，它將引領您邁向成功之路，助您成就夢想。

第三節　改名前需要做哪些準備？

在決定改名之前，您需要做好充分的準備。以下是一些建議，以確保改名過程順利進行：

1. 深入了解自己：

首先，您需要對自己有充分的了解，包括生辰八字、五行屬性、性格特點、人生目標等。這將有助於您確定新名字與自己的需求和特點是否匹配。

2. 考慮家庭因素：

在改名前，也要充分考慮家庭因素，如家庭成員的五行屬性、家庭環境等。選擇一個與家庭相協調的名字，有助於提升家庭關係和整體運勢。

3. 咨詢專業命名師：

尋求專業命名師的建議，他們可以根據您的具體情況，提供合適的名字選擇。同時，他們的專業知識和經驗可以幫助您避免潛在的命名陷阱。

4. 評估名字的影響：

在確定新名字之前，您應評估其對您事業、感情、健康等方面的潛在影響。這將有助於您確保新名字為您的人生帶來正面改變。

5. 通知親朋好友：

改名涉及到您在社交圈子的識別，因此，在改名前，您應該告知親朋好友，讓他們瞭解您的決定。這樣，他們可以更快地適應您的新名字，並給予您支持。

6. 處理相關手續：

改名涉及到許多法律手續，如更新身份證、護照、駕照等。在改名前，確保您了解所需文件和程序，以免在改名後遇到不必要的麻煩。

7. 睿炎學派重視春秋禮數：

所以我們在取名的時候不能與直系長輩同名、同音、同字，這樣會有產生犯上的格局， 是取名的大忌，也會影響到跟更名者的運勢，所以要特別注意。

睿朕老師的建議：

綜上所述，改名是一個重要且綜合性的過程。在決定改名之前，請確保您做好了充分的準備，以確保改名過程順利進行，爲您的人生帶來正面的變化。

第四節　改名後要做哪些事？

改名後，您需要採取一系列行動以適應新名字，並確保新名字

為您的人生帶來正面影響。以下是改名後需要做的一些事情：

1. 完成相關手續：

正所謂名正才會言順，拿到新名字後請更新所有與身份相關的文件和證件，如身份證、護照、駕照、社會保障卡等。同時，別忘了更新銀行帳戶、信用卡和其他財務文件。

2. 通知工作單位和學校：

告知您的工作單位和學校您的新名字，以便他們更新員工和學生資料。此外，記得更新您的簽名和電子郵件簽名檔。

3. 修改線上帳戶：

更新您的社交媒體帳戶、電子郵件帳戶、訂閱服務等，以反映您的新名字。

4. 告知親朋好友：

再次提醒您的親朋好友您的新名字，以便他們適應和支持。您可以通過電話、短信、電子郵件或社交媒體等方式告知他們。

5. 以新名字自我介紹：

在與新朋友或商業夥伴交流時，使用新名字自我介紹，並慢慢適應使用新名字。

6. 內化新名字：

新名字意味著新的開始，嘗試將新名字與自己的身份認同結合起來。專注於新名字所帶來的正面能量，並努力實現與新名字相關的人生目標。

7. 保持耐心：

適應新名字需要時間，尤其是對於您和周圍的人來說。保持耐心，給自己和他人足夠的時間適應這一變化。

8. 追蹤名字帶來的變化：

留意新名字對您的生活和運勢帶來的變化。這將有助於您更好地瞭解名字的力量，並在未來需要時做出相應調整。

9. 持續關注命理學：

改名後，您可能對姓名學和命理學產生了更濃厚的興趣。持續學習和關注相關知識，將有助於您更好地理解名字與命運的關係，並在未來做出更明智的選擇。

10. 分享經驗：

將您的改名經歷和感悟與身邊的親朋好友分享，這將有助於他們了解改名的重要性，也有助於他們在需要時做出決策。

睿朕老師的建議：

改名後的生活並不意味著人生從此就一帆風順，改名後的過程需要您積極參與並應對各種挑戰，只要您願意付出努力並堅持不懈，新名字將為您的人生帶來更多美好。請勇敢地迎接改變，讓新名字成為實現夢想的助力。

第五節　改名過程中可能遇到的挑戰及應對策略

在改名的過程中，您可能會遇到一些問題和挑戰。以下是一些常見的問題及相應的解決方法：

1. 找不到合適的名字：

改名時，您可能會發現很難找到既符合五行需求又具有個性的名字。在這種情況下，您可以尋求專業命名師的幫助，他們通常具有豐富的經驗，可以根據您的需求爲您提供合適的建議。

2. 親朋好友的反對：

您的親朋好友可能會對您的改名表示懷疑或反對。在這種情況下，您需要耐心解釋改名的原因和目的，讓他們理解您的決定。同時，也要尊重他們的意見，並在需要時作出適當的調整。

3. 繁瑣的手續：

改名涉及到更新許多身份證件和文件，這可能會讓您感到煩躁。爲了避免這種情況，您可以提前了解相關手續的具體流程，制定合理的計劃，並在需要時尋求專業人士的幫助。

4. 適應新名字的困難：

剛改名時，您可能會發現自己難以適應新名字。這需要您給自己和周圍的人一定的時間來適應。與此同時，您也可以通過不斷地使用新名字，進行自我介紹和交流，來加快適應過程。

5. 新名字帶來的生活變化：

改名後，您可能會發現生活中的一些事物發生了變化，無論是

好的還是壞的。面對這些變化，您需要保持積極的態度，並及時調整自己的心態和行為。

6. 過度擔憂名字的影響：

在改名過程中，您可能會過於擔憂名字對您的人生帶來的影響。要理智地看待名字的作用，同時也要相信自己的努力和決心，相信您可以克服生活中的困難並取得成功。名字固然重要，但更重要的是您的態度和行動。

7. 對未來的不確定：

改名後，您可能會對未來感到不確定，擔心新名字是否真的能為您帶來好運。在這種情況下，您需要保持信心，並將注意力集中在當下的努力上。隨著時間的推移，您將逐漸看到新名字帶來的影響。

8. 改名後的期望過高：

有時候，您可能會期望改名後馬上就能看到顯著的變化。然而，名字只是影響命運的一個因素，改變命運需要時間和努力。保持耐心，並繼續努力，您將在適當的時候看到成果。

9. 原名字的情感連結：

對於一些人來說，改名可能意味著放棄與原名字相關的回憶和情感。在這種情況下，您需要理解改名的目的是為了更好地追求人生目標，並努力適應新名字帶來的變化。

10. 選擇適合的改名時機：

對於改名來說，時機也是一個重要的考慮因素。選擇一個吉利的日子或時辰可以為改名帶來更好的效果。在這種情況下，您可以請

教命理師或者查閱相關資料，確定最適合您改名的時機。

睿朕老師的建議：

面對改名過程中的各種問題，您需要保持冷靜和樂觀的態度，並積極尋求解決方案。同時，您應該明白改名並非萬能，而是作為改善命運的一個輔助手段。真正的成功仍然取決於您的努力和堅持。在改名過程中遇到的挑戰，請以堅定的信念、冷靜樂觀的態度迎接，並勇敢尋找解決之道。請記住，改名雖非萬能，卻是助您改變命運的有力工具。最終，您的成功將源於您不懈的努力和持之以恆的毅力。

總結　面對眾多命理建議，如何做出明智的改名決定

面對這種情況，首先要明白，每位命理師的分析方法和看法可能存在差異，因此可能會得到不同的建議。在這種情況下，您可以採取以下方法：

1. 保持冷靜：

不要因為多方的意見而感到焦慮。相反，您需要保持冷靜，理性地分析各種建議，找出最適合您的方案。

2. 自我了解：

了解自己的需求和期望，確定您希望改名帶來的影響。這將有助於您在多種建議中選擇出最符合您需求的方案。

3. 尋求專業意見：

如果您覺得自己無法做出決定，可以尋求專業命理師的意見。請確保選擇經驗豐富且具有良好口碑的命理師。

4. 與親朋好友商量：

分享您的想法和擔憂，並聽取他們的意見。他們可能會提供有益的建議，幫助您做出更好的決定。

5. 建立信心：

一旦做出決定，就要堅定地相信您的選擇是正確的。信心是成功的基石，只有相信自己的選擇，才能在改名後取得更好的效果。

6. 考慮名字的實際應用：

在選擇名字時，要考慮其在日常生活中的實際應用。例如，選擇一個易讀易寫的名字，這將有助於您在社交和職場中更好地展示自己。

7. 調查命理師的背景：

在決定聽取哪位命理師的意見時，了解他們的背景和經驗，以及他們的評價和成功案例。這將有助於您選擇最可靠的命理師。

8. 耐心等待效果：

改名後，不要期望馬上看到明顯的變化。給自己一段時間適應新名字，並充分發揮其潛力。要相信隨著時間的推移，您將逐漸看到改名帶來的好處。

9. 不要過分依賴命理：

雖然改名有助於改善命運，但您仍需要積極努力，才能實現目

標。不要過分依賴命理，而忽略了自己的努力和行動。

睿朕老師的建議：

　　綜上所述，您需要在面對改名過程中的各種建議時，採取全面、審慎和冷靜的態度。通過以上建議，您將能夠更好地應對改名過程中遇到的挑戰，並做出最適合自己的決定。記住，真正的成功仍然取決於您的努力和堅持。

第十章　感悟生命之美
——睿朕老師的開運問與答終章

　　在這美好的終章，我們帶您踏上一段感悟生命之美的旅程。在過去20年的時間裡，睿朕老師一直陪伴著無數尋求命運奧秘的人們。如今，我們將這些寶貴的經驗和心得匯聚成五個極富感染力的篇章：命理篇、姓名學篇、風水篇、神祀學篇和心靈篇。

　　這五個篇章將深入探討人們在生活中遇到的種種困惑與探索，並將睿朕老師的智慧與真誠傳遞給每一位讀者。您將感受到每個篇章所帶來的獨特魅力，它們將引領您進入命運的核心，幫助您找到生命中的平衡與和諧。

　　在這最後的篇章，我們期待您能在睿朕老師的指引下，找到屬於自己的開運之道。讓我們一起感悟生命的美好，把握命運的節奏，並且將這份感動與智慧傳遞給更多的人。

第一節　命理篇

1. 問：人為什麼要算命？

　　答：人們算命的原因有很多，包括尋求心靈寄託、減緩對未來的恐懼、獲得生活建議等。通過了解命運的走向，人們希望能

夠更好地應對生活中的困難和挑戰。

2. 問：**算命準嗎？**

答：算命的準確性因各種因素而異，包括算命師的水平、所用方法和個人資料的準確性。雖然算命有一定的參考價值，但不能完全依賴它來指導生活。生活中還是要以自己的努力和智慧為主。

3. 問：**命運是注定的嗎？**

答：命運可以理解為個人生活中的某些固定模式和趨勢。雖然有些事情似乎是注定的，但人們仍然可以通過自己的努力和選擇來改變命運。

4. 問：**命運能改變嗎？**

答：命運是可以改變的。人的意識、選擇和努力都能影響命運的走向。通過積極面對生活中的困難，學習新知識，堅持自己的信念和目標，人們可以創造更美好的未來。

5. 問：**我的命好不好？**

答：要評判一個人的命是否好，需要綜合考慮多方面因素。算命可以提供一定的參考意見，但最重要的還是要看個人的努力和選擇。

6. 問：哪種算命方法最準？

答：目前市面上有很多算命方法，如八字命理、紫微斗數、姓名
學等。哪種方法最準因個人而異。建議在尋求算命時，選擇
有口碑的算命師和方法，以獲得更準確的指引。

7. 問：人家說斷掌會歹命是真的嗎？

答：斷掌指的是手掌中的生命線、智慧線、愛情線等線條不連續
的現象。它代表著生活中可能遇到的波折和變故。然而，斷
掌並不等同於歹命。命運受多種因素影響，斷掌只是其中之
一。面對挑戰和困難，個人的努力和態度才是最重要的。

8. 問：算命師說我命不好怎麼辦？

答：如果算命師說你的命運不好，首先不要過於擔憂。命運不是
絕對的，你可以通過努力和選擇來改變命運。保持積極樂觀
的心態，努力學習和工作，結交良師益友，相信自己可以克
服命運帶來的困難，創造更美好的未來。

9. 問：為什麼有些人算命結果準，有些人不準？

答：算命結果的準確性受多種因素影響，如算命師的水平、所用
方法、個人資料的準確性等。此外，個人的主觀感受和心理
期望也可能導致對算命結果的認知差異。

10. 問：算命對個人成長有幫助嗎？

答：算命可以提供一定的指引和建議，但不應過分依賴。個人成長最重要的還是自我努力、學習和經歷。通過不斷充實自己，提高自己的能力，才能真正實現成長。

第二節　姓名學篇

1. 問：改名真的會有效嗎？

答：改名會對個人的心理和生活產生一定影響，但其效果因個人信仰和心態而異。相信姓名學人會感受到更明顯的效果。

2. 問：改名能改善哪些問題？

答：改名有助於改善個人的自信、人際關係和心態，也能提升工作和生活的運勢。前提是改的名字要改對。

3. 問：可以不改身份證只叫可以嗎？

答：可以，但建議若可以的話最好修正才會名正言順，才能達到更好的效果。

4. 問：我都幾歲了，改名還有效嗎？

答：改名在任何年齡都會產生效果，但具體效果取決於個人信仰

和心態。

5. 問：**名字是否會影響婚姻和家庭關係？**

答：名字會直接影響個人性格和心態，從而影響婚姻和家庭關係。

6. 問：**名字若跟直系長輩同音會怎樣嗎？**

答：名字若是與直系長輩、舅舅、舅媽同音同字，是不吉利的，稱爲犯上格局。

7. 問：**名字改了爲何會沒有效？**

答：首先要確定名字是否修正正確，很多人會四處去詢問四處比較，建議要取名前先做好評估，避免取完後再四處詢問。姓名學的效果也會因個人信仰和心態而異。若個人不相信改名會帶來變化，那麼其效果可能受限。

8. 問：**公司名對老闆有影響嗎？**

答：公司名對企業和老闆會產生一定影響，如企業形象、口碑、內部管理和運勢等。

9. 問：**嬰兒名重要嗎？**

答：嬰兒名對其成長過程和性格塑造可能產生影響，選擇一個適

合的名字有助於嬰兒的健康成長。

10. 問：**取名時要注意什麼？**

答：取名時應考慮名字的寓意、音韻搭配、五行屬性、生肖及與
家庭成員做搭配等因素，以確保名字和諧、吉祥並符合個人
特點。

第三節　風水篇

1. 問：**如何選擇合適的住家？**

答：選擇住家時需考慮地勢、環境、陽光和通風等因素，外陽宅
要符合男主人，內陽宅要符合女主人並確保居住環境舒適和
諧，將對家庭運勢大大提升。

2. 問：**床的擺放方向對健康和運勢有何影響？**

答：床的擺放方向應避免與門正對，或者腳踢廚房，以及面對鏡
子，並應確保頭部朝向適合自己的吉祥方位，這將有利於健
康和運勢。

3. 問：**植物在家中對家庭運勢的影響？**

答：植物可以改善家中氣氛和空氣質量，選擇適合的植物並合理

擺放在財位有助於提升家庭運勢。

4. 問：家中客廳的配置對家居風水有何重要性？

　答：客廳是家庭成員和賓客互動的主要空間，客廳要明亮，且沙發擺設要正確，並配置合適的家具佈局和裝飾可促進家庭和諧，將可提升整體家庭運勢。

5. 問：廚房風水佈局對家庭運勢有何影響？

　答：廚房佈局應確保整潔、通風和光線充足，避免火爐與水槽正對，以維持家庭運勢穩定。

6. 問：風水中的「煞氣」是什麼？如何化解？

　答：「煞氣」指的是風水學中不利於家庭運勢的負面能量，可通過調整家具佈局、擺放風水擺設或增加植物來化解。

7. 問：鏡子在家居風水中的作用和擺放注意事項？

　答：鏡子可用於調節空間和引導氣流，擺放時應避免正對床、門或窗戶，以免影響家庭運勢。

8. 問：樓梯對家居風水有何影響？

　答：樓梯位置與佈局影響氣流和能量分布，避免神明廳後面有樓梯，以及冰箱正對到樓梯，適當設計可促進家庭整體運勢。

第四節　神祀學篇

1. 問：一定要拜祖先嗎？

　答：俗語說不拜祖先求神無益。拜祖先是一種尊重和感激祖先的傳統習俗，在西方天主教及基督教透過禱告或做禮拜，而東方是藉由掃墓以及五大節日的祭祖，來感恩先人為我們的開墾，所謂百善孝為先，拜祖先能夠讓我們的孩子明白孝道的重要性，所以拜祖先是一定要的。

2. 問：拜哪一尊神對我最有幫助？

　答：拜神的選擇因人而異，可根據個人信仰和需求來選擇適合的神明，但家中不一定要安奉神明，但若是有拜神明者一定要拜祖先，這樣神明才會幫助我們。

3. 問：家中擺放神像有何禁忌？

　答：擺放神像應避免陽光直射、擺放在不尊重的位置如廁所，或樓梯前後方。

4. 問：為何要補運、補財庫？

　答：補財庫是為了在個人運勢上增加財運或提升好運，若錢財流失嚴重，存不到錢，或者總是提不起精神者，可藉由補財庫或補運來去做改善。

5. 問：如何妥善處理嬰靈？

　　答：妥善處理嬰靈需遵循當地宗教和習俗，多數是用引渡的方式
　　　　而非超渡的方式，進行相應的祭祀和安置，以慰藉亡靈。

6. 問：有人說我帶天命？是真的嗎？

　　答：天命通常指命運的安排，每個人的命運都有其特殊性，所以
　　　　我們可以說每個人都是帶有使命來到這個世界上的，實際上
　　　　天命的安排為何，需通過細緻分析來確認。

7. 問：為何常夢到過世的親人？

　　答：夢到過世的親人可能是因為思念之情，或者過世親人有未了
　　　　心願需要您去完成。若經常夢到，可以詢問專業的命理師，
　　　　或者去大廟擲杯請示神明是否過世親人需要協助。

8. 問：遇到鬼壓床怎麼辦？

　　答：鬼壓床可能與環境、心理因素或生理原因有關，保持心境平
　　　　和、改善睡眠環境及健康習慣可減少發生機率，若當下發生
　　　　此情況只要放輕鬆不要多想，大約10分鐘就能改善。

9. 問：若有倒房祖先該怎麼辦？

　　答：倒房祖先指家中祖先牌位裡面祭拜了未有子嗣之祖先，或者
　　　　此倒房祖先無人祭拜，這會形成家運衰敗的情況，遇到此情

況建議請專業的老師去做妥善處理。

10. 問：離婚為何要辭組？

答：辭組是一個非常重要的環節，是在告訴原配偶的祖先，本人已不再是對方家中的一份子，避免未來遭受到原配偶祖先的干擾，導致未來產生運勢不佳之情況，辭祖的方式可詢問專業的命理師協助處理。

第五節　如何提升身心靈能量

1. 壓力過大

通過姓名學調整個人能量，以達到與五行相互平衡。

2. 焦慮

利用五行命理分析個人命盤，找出焦慮的根源。可以嘗試用相應的五行元素來平衡能量，例如佩戴或者穿搭適合自己的飾品或服飾，以及配合生活習慣的調整。

3. 抑鬱

在風水方面，確保家中光線充足、空氣流通，並避免陰暗擁擠的環境。在五行方面，可以通過飲食調整，選擇對應的五行食物來

改善抑鬱狀態。

4. 睡眠問題

根據個人五行命盤，選擇合適的床鋪擺放方向。風水方面，確保寢室環境安靜、舒適，避免過多電子產品。

5. 恐懼症

通過五行命理找到恐懼症的成因，並選擇與自己五行相應的積極能量來對抗恐懼，如佩戴符合個人命理的護身符。

6. 情緒失控

分析姓名學，確保名字與生辰八字相融合。五行命理方面，可以利用相應元素的顏色、香氣等來調節情緒。

7. 情感問題

通過姓名學和五行命理找到合適的伴侶。風水方面，可以選擇擺放象徵愛情的物品，如雙喜字、玫瑰石等。

8. 單調乏味的生活

在家中創建五行平衡的環境，如擺放各類五行元素的裝飾品。此外，可以根據五行命理選擇適合自己的興趣愛好，增加生活趣味。

9. 缺乏動機

通過姓名學找到自己的天賦和潛能。

10. 自信不足

分析五行命盤，找出弱化自信的原因。通過佩戴五行元素的飾品或使用相應顏色來提升自信。

11. 溝通困難

根據姓名學與五行命理調整溝通方式，與他人建立和諧關係。

12. 財運不佳

利用風水改善家居環境，吸引財運。佩戴吉祥物或符合個人五行元素的飾品來提升財運。

13. 人際關係緊張

分析五行命盤，了解與他人相處的關鍵。根據五行元素調整行為和態度，改善人際關係。

14. 身體健康問題

根據五行命理選擇合適的飲食和運動方式，保持身體健康。

15. 無法專注

在家居環境中運用風水原理，創建有利於專注的空間。通過五行命理找到適合的冥想或放鬆方法。

16. 決策困難

分析個人五行命盤，找到自己的優勢與劣勢，以利於作出明智決策。

17. 遭遇挫折

通過姓名學找到自己的心靈支柱，利用五行元素平衡能量，增強面對挫折的能力。

18. 尋找人生目標

分析五行命盤，找到自己的天賦與潛力，確定適合的人生方向。

19. 工作壓力

利用風水調整工作環境，提升工作效率。根據五行建議，選擇適當的休息和放鬆方式，緩解壓力。

20. 難以適應新環境

運用風水原理改善新環境的氛圍。通過五行命理找到適合自己的應對策略，增強適應能力。

21. 家庭關係不和

分析家庭成員的五行命盤，找到相處的共同點。運用風水調整家居環境。

22. 學業不順

根據五行命理找到適合的學習方法和技巧。運用風水調整學習空間，提高學習效率。

23. 無法放下過去

運用五行命理找到過去影響的根源，通過平衡五行元素的能量來釋放心靈包袱。

24. 婚姻不順

分析雙方五行命盤，找到婚姻矛盾的根本原因。通過風水調整居住環境，提升夫妻感情。

25. 事業停滯

通過姓名學和五行命理找到事業發展的方向。利用風水提升辦公環境的正能量，吸引成功機會。

26. 面對變故無法應對

分析五行命盤，找到個人應對變故的能力。通過平衡五行元素，

提升應變能力。

27. 孤獨感

通過五行命理了解自己的性格特點，找到合適的社交方式。運用風水提升家居環境的舒適度，緩解孤獨感。

28. 養生保健

根據五行命理選擇適合的養生保健方法。利用風水調整居住環境，營造有利於健康的氣場。

29. 與子女關係疏遠

分析子女的五行命盤，了解他們的性格特點。通過風水調整家庭環境，促進親子關係和諧。

30. 提高創業成功率

根據姓名學和五行命理找到創業的方向和策略。運用風水調整辦公環境，吸引成功機會。

睿朕老師給大家的建議

在這個資訊爆炸的年代，我們要非常審慎地評估資訊的正確性，不能毫無判斷力地接受一切所聞所見。同時，我們也應該尊重鬼神的存在，但不可過度迷信。我們應該探究天地之間的道理和自身的規律，以獲取更深刻的理解和智慧，這樣的做法將有助於我們積極面對生活中的挑戰，更好地應對壓力和困難，讓我們的人生更自在和充實。

因此，我們應該尊重鬼神的存在，但也要保持理性和適當的距離，以實現真正的尊重和平衡。掌握天地之間的道理，了解自身的規律，積極地面對挑戰，將是我們生活中最好的建議。這樣的態度和行為，不僅有助於提升我們的生活素質，也是對鬼神的尊重和敬畏之心的最好體現。

睿朕老師給的一封信

親愛的同學：

　　首先，非常感謝你抽出寶貴的時間來閱讀我的書，你對這本書的支持讓我深受感動。我相信在閱讀過程中，你一定受益匪淺，收穫滿滿，也希望這本書成為你人生旅程中的指引之光。

　　這本書的目的是讓你在探索自我、尋找人生目標的過程中找到勇氣與毅力，幫助你勇敢地面對人生的高峰和低谷。在你閱讀完這本書後，我希望你能將其中的知識應用到生活中，找到解決問題的方法，同時也將這些知識分享給身邊的人，讓你們攜手共進，共創美好未來。

　　當你遇到困難時，請擁抱這本書，讓它成為你心靈的避風港。裡面有許多關於姓名學、風水和五行命理的寶貴知識，這些知識可以幫助你解決各種問題，讓你更好地掌握自己的人生，敞開心扉迎接無限可能。

　　我相信，在你有能力的時候，你也會願意擁抱並幫助別人。這本書的知識不僅適用於自己，也適用於你的親友和其他人。請將這些知識繼續傳承下去，讓更多的人受益，共同成為這個世界的改變者。

最後，我再次感謝你的閱讀，希望你在未來的日子裡，能夠繼續成長，實現夢想，並且擁有一個幸福美滿的人生。請相信，你的人生有無限的價值，你的存在對這個世界而言，是無法替代的。

祝福你，願你的人生充滿愛與光明！

睿朕老師

感謝函

親愛的贊助人和尊貴的讀者們：

　　站在「開運119」這本書問世的今天，我衷心地向每一位投入力量和支持的朋友表達最深切的感謝。你們的奉獻和支持，使得這本書得以順利誕生，並帶給世界無比的價值。在此，讓我們共同感謝天上的神佛「德安宮 天上聖母」及「睿炎命理 保生大帝」，他們賜予我們靈感和護佑，讓我們能創作出這樣一本感動人心的作品。

　　首先，我要衷心感謝每一位贊助者。正是因為你們的慷慨支持，這本書才得以從最初的草稿到最後的出版之路，一路走來每一筆捐助都是對我們工作的極大肯定，也是我們能夠將這本書呈現給讀者的關鍵。

　　此外，我們要衷心感謝那些在印刷過程中給予寶貴建議的朋友們。你們的專業知識和經驗對我們來說是無價之寶，讓我們能夠在印刷品質和效率之間取得最佳平衡，以呈現給讀者們最好的閱讀體驗。

　　我們深知，這本書並非贈品，而是需要讀者購買的作品。我們由衷相信，每一位選擇購買這本書的讀者都是我們的贊助者，因為你們的支持讓我們能夠持續創作，為大家帶來更多有價值的內容。

　　「開運119」不僅僅是一本書，它凝聚了我們的熱情，你們的支持，以及我們共同的努力。我們期望這本書能夠啟發每位讀者，幫助你們在人生旅途中找到屬於自己的開運之道。

在此，我們再次向所有參與這本書出版的每一位表達深深的謝意。你們的貢獻將在每一位讀者的生活中產生深遠的影響，爲世界帶來無盡的希望和正能量。

　　最後，我們要特別感謝以下贊助人：

- ·黃慶山 先生　·柳正和 先生
- ·黃慶富 先生　·許連助 先生
- ·傅景明 先生　·蔡友孝 先生
- ·張志得 先生　·許泰永 先生
- ·余素貞 女士　·陳巧汝 女士

　　感謝以上所有贊助人，你們的慷慨和支持將永遠在我們心中留下深刻的感動。讓我們一同感恩，並將這份感恩與愛傳遞給更多人。

睿炎家族代表人許睿朕 衷心感謝和祝福

本書福利：
免費占卜揭開人生秘密！

第一步：加入官方LINE 🔍 @042opcpm
第二步：點選「免費占卜」
第三步：按照指示完成占卜！

聯絡方式
【最新消息都在這！】
Facebook 🔍 開運119

【免費線上課程：每週二、三、四20:00-21:30】
TikTok 🔍 睿炎開運

【在這裡可以找到睿眹老師！】
E-mail：tengyan9999@gmail.com

LINE 🔍 @042opcpm

（限用WeChat APP掃描）
Wechat 🔍 Mw3666

國家圖書館出版品預行編目資料

開運119／許睿朕著. --初版.--高雄市：騰焱國際
有限公司, 2023.09
　　面；　公分
ISBN 978-626-97573-0-5（精裝）
1.CST: 命書 2.CST: 改運法
293.1　　　　　　　　　　　　112010905

開運119

作　　　者　許睿朕
責任編輯　楊紫妃
責任校對　李安婕
發 行 人　許睿朕
出　　　版　騰焱國際有限公司
　　　　　　80751 高雄市三民區中華二路 250號12樓
　　　　　　電話：0989-057086
設計編印　白象文化事業有限公司
　　　　　　經紀人：張輝潭
經銷代理　白象文化事業有限公司
　　　　　　412台中市大里區科技路1號8樓之2（台中軟體園區）
　　　　　　出版專線：（04）2496-5995　　傳眞：（04）2496-9901
　　　　　　401台中市東區和平街228巷44號（經銷部）
　　　　　　購書專線：（04）2220-8589　　傳眞：（04）2220-8505
印　　　刷　基盛印刷工場
初版一刷　2023年9月
定　　　價　520元

白象文化
www.ElephantWhite.com.tw
印書小舖 PressStore出版社群
f 自費出版的領導者
出版・經銷・宣傳・設計
購書 白象文化生活館